Handlesen für Hexen

Maria May

Handlesen für Hexen

Die Deutsche Bibliothek - CIP-Einheitsaufnahme
May Maria:
Handlesen für Hexen/Maria May. – Köln : vgs, 2002
(ProSieben-Edition)
ISBN 3-8025-2953-7

© Egmont vgs verlagsgesellschaft, Köln 2002
Alle Rechte vorbehalten

© des ProSieben-Titel-Logos mit freundlicher Genehmigung der
ProSieben Television GmbH

Redaktion: Michael Büsgen
Lektorat: Judith Abel
Produktion: Angelika Rekowski
Umschlaggestaltung: Sens, Köln
Coverbild: zefa/A. Inden
Layout und Satz: So.Wie?So!, Köln/Karen Kühne, Köln
Druck: Clausen & Bosse, Leck
Printed in Germany

ISBN 3-8025-2953-7
Besuchen Sie unsere Homepage:
www.vgs.de

I. Handlesen – eine sehr alte Hexenkunst
Der Ursprung des Handlesens: eine ziemlich spannende
    Geschichte 10
Was die alten Hexen über unsere Hände wussten 13
Wie du dieses Buch benutzen sollst 17

II. Märchen oder Wahrheit – was du aus der Hand lesen kannst und was nicht
Die Handlinien und was sie angeblich über einen Menschen
    verraten 22
Was in der Hand steht kann wirklich passieren –
    muss aber nicht 24

III. Bevor du in der Hand liest, musst du sie erkennen
Linke Hand und rechte Hand: eigentlich gleich und doch ganz
    unterschiedlich 29

IV. Das kannst du aus der Form der Hand und der Finger auf den ersten Blick sehen
Die quadratische Hand 39
Die ovale Hand 41
Die spatelförmige Hand 42
Die spitze Hand 44
Hier wird's schwierig: die gemischte Hand 46
Wenn es schnell gehen muss: So siehst du sofort,
    wer zu wem passt! 47
Die Handformen und wie sie zueinander passen 49
Und wie geht es jetzt weiter? 57

V. Hier kannst du lesen wie in einem Buch: die Linien der Hand
Warum du Hände „aufbewahren" solltest 61
Was die Linien dir über einen Menschen sagen 64
Die Herzlinie 68
Die Kopflinie 77
Die Lebenslinie 86
Die Schicksalslinie 93
Und jetzt: eine Übung für dich! 100

VI. Genauso wichtig wie die Linien: die Berge der Hand
Und was kann ich in den Bergen lesen? 103
Der Venusberg 105
Der Marsberg 108
Der Jupiterberg 110
Der Saturnberg 113
Der Apolloberg 114
Der Merkurberg 116

VII. Etwas sehr wichtiges: die Zeichen der Hand
Und zum Schluss: noch mal eine Übung! 122

Meine liebe junge Hexe!

Herzlich willkommen in deinem vielleicht mächtigsten Hexenbuch. Es freut mich sehr, dass du keine Angst davor hast, dich mit einer unserer mächtigsten, aber auch schwierigsten Künste zu beschäftigen. Mächtig ist die Kunst des Handlesens deshalb, weil du damit – wenn du es einmal erlernt hast – sehr genaue Aussagen zu deinem und zum Leben anderer Menschen machen kannst. Und genau das macht das Handlesen auch so schwierig, denn du übernimmst mit dem Blick in die Vergangenheit und Zukunft große Verantwortung.
Ich weiß – das klingt nicht besonders einladend, aber ich will ehrlich zu dir sein. Wenn du das Erlernen dieser Kunst nicht ernst genug nimmst, kannst du viel Unglück damit anrichten.

Wenn du allerdings schon meine Bücher „Zauberpower" oder „Astrotipps für Hexen" gelesen hast, wird dir auch das Erlernen des Handlesens nicht allzu schwer fallen. Kennst du meine Bücher, ist dir natürlich auch meine Einstellung zu unserer Hexenkunst bekannt: Zauber dürfen erst angewendet werden, wenn man sie ganz sicher beherrscht! Und genau das gilt auch für das Handlesen – erst wenn du die Zeichen einer Hand mit allen ihren Feinheiten kennst und deuten kannst, darfst du einem anderen Menschen aus seiner Hand lesen!

Nun wünsche ich dir viel Spaß beim Lesen und Lernen – und natürlich viel Erfolg beim Handlesen!

PS: Wann auch immer du Fragen zum Handlesen hast, oder mit Deutungen nicht zurechtkommst, kannst du mich jederzeit unter maria-may@usa.net erreichen!

I

Handlesen
Eine sehr alte Hexenkunst

Wenn du über einen Rummelplatz gehst, wirst du an einem der weniger belebten Plätze möglicherweise eine Handleserin finden. Fällt dir an der Bezeichnung etwas auf? Stimmt, es heißt *Handleserin* und nicht *Handleser*. Woran das liegt, ist eigentlich klar – die Kunst des Handlesens wird seit vielen Jahrhunderten fast ausschließlich von Hexen, also von Frauen ausgeübt. Das bedeutet nicht, dass nicht auch Männer aus der Hand lesen können – Frauen fällt es aber einfach leichter. Anders als bei der Astrologie oder der Anwendung von Zaubersprüchen und -formeln braucht man für das Handlesen eine bestimmte Art von Empfindsamkeit – Wissenschaftler nennen sie „Intuition" – die bei uns Frauen sehr viel ausgeprägter ist als bei Männern. Ich finde, darauf sollten wir wirklich stolz sein.

Nun – natürlich können auch Männer aus der Hand lesen und das auch gar nicht unbedingt schlechter als wir Frauen. Sie müssen sich aber stärker konzentrieren, um ihren Mangel an Intuition wieder auszugleichen. Auch wenn wir es heute nicht mehr mit Gewissheit sagen können – wahrscheinlich ist genau das der Grund dafür, dass schon bei den alten Druiden und Hexen der Keltenzeit die Kunst des Handlesens nur von Frauen ausgeübt wurde.

Der Ursprung des Handlesens: eine ziemlich spannende Geschichte

Auch wenn die europäischen Hexen der Vorzeit bereits vieles erfanden und entdeckten, was uns noch heute erstaunt, das Handlesen stammt nicht von ihnen. Sehr wahrscheinlich wurde die Kunst des Handlesens von indischen Magiern entwickelt, die etwa um das Jahr 2000 v. Chr. damit begannen, die Linien unserer Hände zu erforschen. In sehr alten indischen Handschriften aus etwa dieser Zeit tauchen unter der Bezeichnung „Samudrik Shastra" die ersten Berichte über das Handlesen auf.

Wie das Wissen um die Handlinien dann tatsächlich zu uns nach Europa gelangte, wissen wir heute leider nicht mehr, obwohl genau das natürlich sehr interessant wäre und uns modernen Hexen manches Geheimnis unserer Vorfahren verraten könnte. Eine Theorie besagt, dass die keltischen Druiden von der Kunst des Handlesens auf ihren regelmäßigen und weit entfernten Treffen erfuhren und sie zunächst selbst ausübten. Bald aber merkten sie, dass Frauen zum Handlesen besser taugen als Männer, und so unterrichteten sie die Hexen in dieser Kunst.

Viele Jahrhunderte lang studierten und verbesserten die Hexen nun das Handlesen. Weil sie erkannten, dass es ein mächtiges Werkzeug sein konnte, hielten sie ihr Wissen aber stets geheim.

Erst um 400 v. Chr. tauchte die mittlerweile uralte Kunst in Griechenland und der Türkei wieder auf und wurde in nur wenigen Jahren eine anerkannte Wissenschaft. Die heutige Bezeichnung „Chirologie" erhielt das Handlesen durch das noch heute berühmte Buch „Chiromantia" des griechischen Gelehrten Aristoteles. Die Kunst des Handlesens entwickelte sich bis etwa ins Jahr 300 n. Chr. zu einer blühenden Wissenschaft weiter und hätte das vielleicht auch bis heute getan, wenn nicht etwas sehr Drastisches geschehen wäre. Unsere damals noch junge christliche Kirche sah im Handlesen nämlich plötzlich „heidnischen Zauber" und verbot es – sogar unter Androhung der Todesstrafe! Zur gleichen Zeit wurden auch die Druiden und Hexen von der Kirche bedroht und mussten sich, um zu überleben, ins Geheime zurückziehen. So war das Handlesen wieder für Jahrhunderte aus dem täglichen Leben verschwunden und wurde nur im Kreis der engsten Vertrauten ausgeführt.
Erst im späten Mittelalter tauchte es wieder auf. Diesmal waren es die Sinti und Roma (Sinti und Roma werden übrigens auch „Zigeuner" genannt, was allerdings keine besonders freundliche Bezeichnung ist!), die sich mit dem Handlesen zusätzliches Geld auf ihren langen Fahrten verdienten. Wirklich spannend daran ist, dass es in den Volksstämmen der Sinti und Roma besonders viele Hexen gab und noch heute gibt. Und was denkst du, woher diese Volksstämme ursprünglich herstammen? Stimmt – aus dem indischen Punjab! Also genau genommen von dort, wo die

Kunst des Handlesens vor rund 4000 Jahren entstand. Du siehst also, der Kreis schließt sich wieder.
Aber auch im Mittelalter war das Handlesen nicht besonders gern gesehen. Wie du ja weißt, war dies die Zeit, in der die Kirche mit der grausamen Verfolgung von uns Hexen begann. Stell dir einfach einmal vor, wie es einer Hexe ergehen konnte, die einem anderen Menschen aus der Hand las. Wenn sie in den Handlinien etwas Schlechtes oder ein Unglück sah, das dann auch eintraf, wurde natürlich der Hexe die Schuld daran gegeben. Sie hatte den Menschen also „verhext" und was dann folgte, weißt du sicherlich – sie landete auf dem Scheiterhaufen. Auch Wissenschaftler können heute nur schätzen, wie viele völlig unschuldige Frauen auf den Scheiterhaufen verbrannt wurden, wahrscheinlich waren es aber Hunderttausende. So wie sich die Hexen von nun an verstecken mussten, so nahmen sie auch ihr geheimes Wissen um die Kunst des Handlesens mit – bis ins späte fünfzehnte Jahrhundert, dem Zeitalter der Renaissance. Zwar wurden die Hexen auch zu dieser Zeit noch verfolgt (eine der letzten Hexenverbrennungen in Deutschland fand sogar noch 1730 statt!) – das Handlesen aber war keine Geheimwissenschaft mehr und um zu überleben, verleugneten die Hexen ihren wirklichen Beruf und gaben sich als Handleserinnen aus.

Was die alten Hexen über unsere Hände wussten

Du siehst, wie wechselvoll und gefährlich die Geschichte des Handlesens über die Jahrtausende hinweg war. Die Hexen mussten ihr Wissen zwar geheim halten – sie vergaßen es aber nicht, sondern entwickelten es trotz aller Verbote und Bedrohungen immer weiter. So konnten sie im Laufe vieler Jahrhunderte ein gewaltiges Wissen erwerben, das auch heute noch von Mutter zu Tochter, von Hexe zu Hexe übergeht. Das Hexenwissen über unsere Hände macht natürlich nur einen Teil des gesamten Hexenspektrums aus – allerdings einen ziemlich großen.

Die Linien verändern sich

Die alten Hexen wussten beispielsweise, dass die Linien in unseren Händen nicht starr und fest gefügt sind, sondern genauso leben, wie es die Haut unserer Hände und unser ganzer Körper tun. Und genau wie unser Körper die Spuren unseres Lebens zeigt, tun das auch die Linien unserer Hände. Die wichtigsten Linien, die Herz-, die Kopf- und die Lebenslinie sind zwar bereits bei einem Neugeborenen deutlich zu sehen – weil das Leben dieses kleinen Menschen aber eben erst begonnen hat, zeigen sie nur die grundsätzlichen Eigenschaften an.
Die Hexen dieser Zeit wussten aber auch schon, dass selbst die Form der Hände und der Finger vieles über den jeweiligen Menschen verrät, und sie konnten aus diesen Formen wichtige Informationen herauslesen.

Ebenso wussten Sie, dass es neben den Handlinien weitere wichtige Merkmale gibt: die „Berge" und die „Zeichen". Über viele Hexengenerationen wurde das Wissen um die Deutung all dieser Handzeichen überliefert, denn erst alle zusammen, also die Form der Hand, deren Linien, Berge und Zeichen zeigen die Vergangenheit und Zukunft eines Menschen!

Auch das wussten die alten Hexen schon: Handpflege

Wenn du dir einmal alte Bilder oder Stiche aus dem Mittelalter ansiehst, wirst du dich wahrscheinlich wundern, unter welchen hygienischen Bedingungen die Menschen zu dieser Zeit lebten. Es gab weder fließendes Wasser (warmes schon gar nicht!), noch richtige Seife. Weder die einfachen Bauern, noch die Fürsten und Könige kannten so etwas wie Zähneputzen oder Haarewaschen. Nun ja – ein bisschen streng rochen die Menschen damals wahrscheinlich schon, sie hatten fast alle sehr, sehr schlechte Zähne und auf ihren Körpern krabbelten allerlei Insekten wie Flöhe, Läuse oder Zecken herum.
Auf alten Bildern werden Hexen fast immer als schrumpelige alte Frauen in zerlumpten Kleidern dargestellt, von denen man sich gut vorstellen kann, dass sie jahrelang keine Badewanne mehr gesehen haben. Das ist natürlich völliger Unsinn, denn es war genau das Gegenteil der Fall. Die Hexen hatten eine be-

sonders gute Kenntnis der Kräuter und Pflanzen und waren zur damaligen Zeit wie Heilpraktikerinnen. Als solche wussten sie natürlich, wie wichtig Hygiene ist, und dass man, besonders in einer ziemlich schmuddeligen Umgebung, eigentlich nur gesund bleiben kann, wenn man sich regelmäßig wäscht. Sie putzten sich die Zähne mit kleinen Zweigen, die sie mit Kreide und Kräutern einrieben, da ihnen klar war, dass man mit schlechten Zähnen nicht mehr richtig essen kann. Sie wussten, dass sich unter langen Fingernägeln Bakterien sammeln können und dass man sich über kleine Wunden der Haut gefährliche Infektionen holen kann. Natürlich passten die Hexen besonders auf ihre Hände auf. Sie waren ihr wichtigstes Werkzeug, und das musste natürlich gut gepflegt werden. Nicht anders ist es heute. Ob Hexe oder nicht – ohne unsere Hände könnten wir kein normales Leben führen und sollten sie darum auch besonders gut pflegen. Ich zeige dir deshalb ein sehr altes Rezept, mit dem du ganz einfach und für nur sehr wenig Geld eine Handcreme herstellen kannst, wie sie schon die alten Hexen verwendeten. Die Zutaten für diese Creme bekommst du übrigens in der Apotheke.

Und das brauchst du für die Handcreme:

- etwa 100 Gramm Wollwachs
- 10 Gramm getrocknete Kamillenblüten
- 10 Gramm getrocknete Lavendelblüten
- 5 Gramm getrocknete Ringelblumen

Und so stellst du die Creme her:

Zuerst setzt du einen Topf Wasser auf den Herd und erhitzt das Wasser, bis es fast kocht. In einen kleineren Topf füllst du nun das Wollfett und setzt den kleinen Topf in den großen mit dem heißen Wasser. Nach ein paar Minuten wird das Wollfett in der Wärme sehr weich oder sogar fast flüssig, und du rührst es ein wenig um. Dann schneidest du die Kamillen-, die Lavendelblüten und die Ringelblumen so klein es geht und streust sie in das Wollfett. Achte darauf, dass das Wasser nicht stark kocht, sondern nur leicht köchelt und rühre die Mischung alle 5 Minuten gründlich um. Nach einer Stunde nimmst du den Topf mit der Fettmischung aus dem Wasser und lässt ihn abkühlen. Das muss langsam geschehen und kann ein paar Stunden dauern. Auf keinen Fall darfst du den Topf in den Kühlschrank stellen!
Ist die Creme ausgekühlt, kannst du sie in kleine Döschen füllen, die du fest verschließt und an einem kühlen, dunklen Ort aufbewahrst. Um deine Hände zu pflegen, cremst du sie jeden zweiten Tag mit dieser Creme ein. Achte darauf, dass du die Creme sehr sparsam aufträgst, sie ist nämlich sehr ergiebig und braucht deshalb auch ein paar Minuten, bis sie ganz in die Haut eingezogen ist.
Natürlich könntest du diese Creme auch mit Vaseline anstatt mit Wollfett anrühren. Ich selber tue das aber nur im äußersten Notfall, wenn ich z.B. kein Wollfett bekomme. Vaseline wird nämlich zumeist aus Mineralöl hergestellt, und wenn man sie längere Zeit ver-

wendet, kann sie den sehr empfindlichen Stoffwechsel unserer Haut stören! Die alten Hexen kannten übrigens noch keine Vaseline, und Wollfett war zu dieser Zeit unerschwinglich teuer. Als Grundlage für ihre Cremes und Salben verwendeten die Hexen und Druiden deshalb Schweinefett – also Schmalz. Theoretisch könnten wir das heute auch noch tun, ich finde das aber ein bisschen unappetitlich und verwende lieber das Wollfett.

Wie du dieses Buch benutzen sollst

Wenn du meine anderen Hexenbücher kennst, dann weißt du auch, dass ich eine Sache für sehr, sehr wichtig halte: bevor man einen Zauber einsetzt, muss man ganz genau wissen, was man da eigentlich tut! Ein unbedachtes Wort in der falschen Stimmung, ein kleiner Fehler im Ablauf des Zaubers, und schon funktioniert er garantiert nicht mehr. Damit das nicht passiert, bleibt dir nur eine Möglichkeit: Du musst lernen!
Nicht anders ist das beim Handlesen. Ich weiß, am liebsten würdest du sofort loslegen und in deiner oder den Händen deiner Freunde lesen. Genau das darfst du aber auf keinen Fall tun. So lange du die Bedeutung der Handmerkmale nicht ganz genau kennst, macht es überhaupt keinen Sinn, in einer Hand zu lesen. Vielleicht deutest du etwas falsch und jagst damit im

schlimmsten Fall dir selbst oder einem anderen Menschen einen gehörigen Schrecken ein. Und wen du auf diese Weise einmal verschreckt hast, der wird sich sicherlich kein zweites Mal von dir aus der Hand lesen lassen.

Deshalb auch noch einmal folgende Bitte: Lies dieses Buch sehr sorgfältig durch und denke über das Gelesene nach! An bestimmten Stellen des Buches werde ich dich zu verschiedenen Übungen auffordern. So lange du noch eine „Lernhexe" bist, darfst du erst an diesen Stellen mit dem Handlesen beginnen. Nur so und nicht anders kannst du das Handlesen erlernen – also genau so, wie ich es von meiner Mutter lernte und meine Mutter von ihrer.

Vergiss nie: Eine gute Hexe zeichnet sich nicht dadurch aus, dass sie Zauber schnell lernt, sondern dadurch, dass sie die Zauber stets *richtig* einsetzt! Und bis das klappt, muss einfach eine bestimmte Zeit des Lernens vergehen.

Denk immer daran: Auch fürs Handlesen brauchst du die richtige Stimmung!

Genau wie beim Zaubern brauchst du eine bestimmte Umgebung und Stimmung, um aus der Hand lesen zu können. Du musst dich einerseits sehr auf das konzentrieren, was du tust, andererseits musst du offen genug bleiben, um eine Verbindung zwischen dir und dem anderen Menschen zu ermöglichen. Der Mensch, dem du aus der Hand liest, darf sich nicht verkrampfen, er muss locker bleiben und darf keine Angst vor dem haben, was du ihm gleich sagen wirst. Nur wenn du selbst entspannt bist, wird sich auch dein Gegenüber entspannen, deshalb führst du zu Beginn am besten ein Gespräch, das mit dem Handlesen gar nichts zu tun hat. Versuche, dich auf den anderen Menschen einzustellen. Vielleicht ist er sehr schüchtern oder aber ein bisschen verklemmt. Vielleicht tut er nur so, als wäre er mutig – in Wirklichkeit hat er aber möglicherweise Angst vor dem, was du aus seiner Hand lesen kannst. Alles das musst du vor dem eigentlichen Handlesen bedenken und dich dementsprechend verhalten. Am besten suchst du dir fürs Handlesen einen ruhigen Ort aus, an dem es leicht fällt, seine Aufregung schnell wieder loszuwerden. Macht es euch beiden gemütlich.

II

Märchen oder Wahrheit –
was du aus der Hand lesen kannst und was nicht

Märchen oder Wahrheit ....

Über das Handlesen gibt es endlos viele Geschichten und angebliche Tatsachen, die fast alle nur eines gemeinsam haben – sie sind völliger Unsinn! Wie es zu all diesen Unwahrheiten über das Handlesen kam, hat mehrere Gründe.

Zum einen hat sich uralter Aberglaube bis in unsere moderne Zeit hinein gehalten. Dinge, die von Hexen getan werden, müssen also irgendetwas Heimliches und Gefährliches an sich haben. Nun, du weißt es natürlich inzwischen besser – das mit dem „Heimlichen" liegt eben daran, dass wir Hexen im Lauf der Geschichte immer wieder verfolgt wurden und uns deshalb verstecken mussten. Dass die Arbeit von Hexen gefährlich sei, ist, wie du weißt, ebenfalls Unsinn. Hexen (zumindest die guten Hexen, und die waren immer in der Mehrheit!) tun nie etwas Gefährliches oder etwas, das anderen Menschen Schaden oder Schmerzen zufügt, sondern genau das Gegenteil – sie helfen Menschen, wann immer sie können. Gefährlich wird es nur dann, wenn sich Menschen mit unseren Hexenkünsten beschäftigen, die davon keine Ahnung haben und deshalb natürlich auch alles Mögliche falsch machen.

Wenn eine Hexe einen Zauber erfolgreich durchgeführt oder ein gutes Horoskop erstellt hat, dann danken ihr die Menschen das zwar, leider vergessen sie es meist jedoch wieder sehr schnell. Ganz anders ist das mit den Dingen, die Menschen tun, die vom Hexen gar nichts verstehen und deshalb alles falsch machen. Ihre Taten merken sich die Menschen sehr wohl und

deshalb heißt es auch schnell: „Das war ja klar – sie ist ja schließlich nur eine Hexe!"
Ein weiterer Grund für die vielen falschen Geschichten über das Handlesen sind so genannte „Modehandleser", die es auch in den vergangenen Jahrhunderten immer wieder gab. Meist waren sie ziemlich berühmt und lasen anderen bekannten Menschen, manchmal sogar Königen, aus der Hand. Und natürlich – du kannst es dir längst denken – sagten sie den Menschen nicht die Wahrheit über das, was in ihren Händen stand, sondern das, was sie hören wollten. Wenn ein Graf oder König für seinen Jähzorn bekannt war, wollte ihm natürlich keine Handleserin sagen, dass sie schlechte Dinge in der Hand sehen konnte. Stattdessen sagte sie lieber: „Sie haben ein langes und glückliches Leben." Wenn der jähzornige Mensch dann wissen wollte, woran man das denn sehen könne, war die Antwort oft genug: „An der langen Lebenslinie", oder „An der geraden Schicksalslinie".

Die Handlinien und was sie angeblich über einen Menschen verraten

Geschichten wie die mit dem jähzornigen Grafen haben sich bestimmt sehr oft zugetragen und damit für einen dummen Irrtum gesorgt. Die meisten Menschen glauben deshalb auch heute noch, dass die drei

Hauptlinien einer Hand, also die Herz-, die Kopf- und die Lebenslinie, eigentlich schon alles über einen Menschen verraten.

Bedeutet eine lange Lebenslinie auch ein langes Leben?

Nein, das tut sie nicht. Aber du kannst an dieser Frage sehen, wie viele Missverständnisse es schon allein bei den Hauptlinien der Hand gibt. Eine lange Herzlinie bedeutet deshalb auch nicht, dass ein Mensch niemals eine Herzkrankheit bekommen kann – genauso wenig wie eine lange Kopflinie heißt, dass dieser Mensch besonders gut in der Schule ist. Wann immer du solche Dinge hörst, kannst du sie also getrost gleich wieder vergessen!
Ein wenig später zeige ich dir die genaue Bedeutung der Linien. An dieser Stelle genügt es, wenn du weißt, dass die Handlinien nichts anderes als Symbole sind. Sie zeigen also nicht tatsächlich den Kopf, das Herz oder das Leben – sie geben durch ihre Form und Intensität einfach ein erstes Zeichen dafür, was einen Menschen in seinem Leben bewegt, und wie er lebt oder bereits gelebt hat. Obendrein stehen sie auch in einer engen Verbindung mit allen anderen Linien und Zeichen der Hand, und erst wenn du sie dir alle gemeinsam ansiehst, kannst du tatsächlich aus der Hand lesen und dir damit ein Bild des Menschen machen.

Was in der Hand steht kann wirklich passieren – muss aber nicht

Du weißt jetzt schon, dass die angeblichen Bedeutungen der Hauptlinien Unsinn sind. Das gilt auch für die Behauptung, dass alles, was in der Hand steht, auch genauso passieren wird – sie ist einfach völliger Quatsch!

Gibt es „genaue" Vorhersagen?

Für das, was du in der Hand eines Menschen lesen kannst gilt: Es kann passieren, es muss aber nicht! Beim Handlesen ist es nämlich nicht anders als in der uralten Hexenkunst der Astrologie – wenn du gelernt hast, die Zeichen zu lesen, kannst du sehr deutliche Tendenzen erkennen, niemals aber einen exakten Vorfall. Selbst die erfahrenste Hexe und Handleserin wird also niemals sagen können: „An dem und dem Tag im Jahr soundso wirst du dir ein Bein brechen." Das heißt, sagen kann sie es natürlich schon, nur wäre sie dann eben keine Hexe, sondern eine Schwindlerin!

Ja und was ist mit den ganzen Hellsehern?

Eine wirklich gute Frage. Die Antwort darauf kannst du dir aber natürlich schon fast denken: Es sind fast alles Schwindler. Und wieso sie das tun? Nun ganz einfach: Sie wollen damit Geld verdienen oder Macht erlangen oder eben beides.

Es gibt viele Menschen, die einsam oder krank und verzweifelt sind, und genau diese Menschen wenden sich in ihrer Angst und Sorge leider sehr häufig an diese „Hellseher". Sieh einmal in deiner Tageszeitung nach, du wirst unter den Kleinanzeigen bestimmt etwas finden wie: „Bekannte Hellseherin sagt Ihnen die Zukunft voraus." Für eine solche „Hellseherin" steht aber eben ganz klar das Geld im Vordergrund und nicht die Überzeugung einer Hexe, anderen Menschen in ihrer Not zu helfen.

Wie eine solche Geschichte dann weitergeht, kannst du dir denken. Stell dir vor, eine alte und kranke Frau kommt zu einer solchen „Hellseherin" und möchte wissen, wie es um ihre Zukunft aussieht, ob sie noch ein paar Jahre zu leben hat, oder ob ihre Kinder und Enkelkinder glücklich sein werden.

Mit ein wenig Menschenkenntnis (und die haben die selbst ernannten „Hellseher" meist) lässt sich ziemlich schnell herausfinden, was die alte Dame tatsächlich bewegt und wovor sie vielleicht Angst hat. Und was die „Hellseherin" dann anschließend von der Zukunft der alten Frau erzählt, ist nichts anderes, als das, was sie sowieso hören möchte.

Damit die Geldquelle nicht so schnell versiegt, erhält die alte Frau die Informationen aber nicht in einer einzigen Sitzung, sondern sie muss immer wieder kommen – und natürlich immer wieder dafür bezahlen. Dass diese Art des Handlesens nichts mit unserer Hexenkunst zu tun hat, muss ich dir natürlich nicht mehr sagen. Ich persönlich finde solche Machenschaften einfach eklig, und wann immer ich davon höre, versuche ich die betroffenen Menschen darüber aufzuklären.

Bin ich eine schlechte Hexe, wenn ich Geschenke für meine Arbeit annehme?

Nein, das bist du nicht! Als Hexe darfst du natürlich jederzeit ein Geschenk annehmen, wenn jemand mit deiner Arbeit zufrieden ist. Du darfst allerdings nicht deshalb als Hexe arbeiten, weil du Geschenke bekommen möchtest.
Für unsere Hexenvorfahren waren die Geschenke natürlich viel wichtiger als für uns heute. Sie waren im Grunde genommen die Bezahlung für ihre Arbeit. Hatte eine Hexe jemanden im Dorf von einer Krank-

heit geheilt oder eine Wunde mit ihren Kräutern versorgt, dann bekam sie von ihren Patienten dafür zum Beispiel Obst oder Fleisch, vielleicht einen Krug Wein, einen Beutel Salz oder ein frisch gebackenes Brot. Obwohl es ja auch damals bereits Geld gab, bekam eine Hexe niemals Geld als Lohn für ihre Arbeit. Wenn man es ihr anbot, so lehnte sie es ab und bat stattdessen um Lebensmittel. Sehr gläubige Hexen (und davon gab es sehr viele, obwohl sie von der Kirche verfolgt wurden) nahmen aber nicht einmal Lebensmittel an. Sie verlangten von ihren Patienten stattdessen ein frommes Gebet oder eine kleine Spende an die Kirche.

Als gute Hexe solltest du es also immer ablehnen, wenn dir jemand Geld für deine Arbeit schenken will. Etwas anderes ist es allerdings, wenn sich ein Mensch bei dir bedankt, indem er dich zum Beispiel zum Essen oder einfach nur auf ein Eis einlädt. Vielleicht schenkt er dir genau die Kräuter, die dir noch in deinem Hexengarten fehlen, ein spannendes Buch oder die aktuelle CD deiner Lieblingsband.

Solche Geschenke nimmt eine Hexe natürlich gerne an – und sie kann immer ein gutes Gewissen dabei haben.

III

Bevor du in der Hand liest, musst du sie erkennen

Zugegeben, das klingt ein bisschen komisch – ist aber sehr, sehr wichtig. Bevor du dich also mit den Linien und Zeichen der Hand beschäftigst, musst du zunächst beide Hände besser kennen lernen.

Linke Hand und rechte Hand: eigentlich gleich und doch ganz unterschiedlich

Wenn du dir einmal deine eigenen Hände ansiehst, wirst zu ziemlich schnell etwas Interessantes bemerken. Sie sehen sich zwar eigentlich ziemlich ähnlich, wenn du aber genauer hinsiehst, erkennst du, dass sich die Linien in deinen beiden Händen doch voneinander unterscheiden. In der einen Hand sind sie vielleicht etwas länger, in der anderen dafür ein wenig verzweigter oder einfach nur tiefer.

Wieso sehen meine Hände eigentlich unterschiedlich aus?

Weshalb die beiden Hände eines Menschen so unterschiedlich aussehen (je genauer du sie dir ansiehst, desto mehr Unterschiede wirst du bemerken), wussten die Hexen des Mittelalters schon sehr genau. Obwohl die Wissenschaft damals natürlich noch sehr wenig über unser Gehirn wusste, hatten die Hexen beobachtet, dass Menschen auf Schädelverletzungen ganz unterschiedlich reagierten. Hatte jemand einen Unfall und eine schwere Kopfverletzung auf der linken Seite, dann konnte er häufig seine rechte Körperseite nicht mehr richtig bewegen. Umgekehrt war es mit den Menschen, die eine Kopfverletzung auf der rechten Seite hatte – sie konnten häufig die linke Körperseite nicht mehr bewegen. Die Hexen entdeckten also, dass der linke Teil des Gehirns für die rechte Körperhälfte und die rechte Seite für die linke Körperhälfte zuständig ist.

Weil die alten Hexen sehr gute Beobachterinnen waren, entging ihnen auch ein weiterer Zusammenhang nicht. Menschen, die die linke Körperhälfte wegen eines schlimmen Unfalls nicht mehr bewegen konnten, verloren auch sehr häufig ihre Fähigkeit zu sprechen oder auszudrücken, welche Gefühle sie gerade hatten. Bei den Menschen, die die rechte Körperhälfte nicht mehr bewegen konnten, war es dagegen ganz anders. Sie konnten durchaus noch problemlos sprechen oder ihre Gefühle zeigen.

Erst viele Jahrhunderte später bestätigten die modernen Wissenschaftler das, was die Hexen des Mittelalters schon wussten: Der rechte Teil des Gehirns steuert die linke Körperhälfte und ist für Gefühle und Sprache zuständig, der linke Teil aber steuert die rechte Körperhälfte und sorgt unter anderem für die Koordination, also die Fähigkeit, uns richtig zu bewegen.

Und so wie die beiden Hälften unseres Gehirns zusammenarbeiten, so tun das auch unsere beiden Hände. Sie arbeiten nicht nur tatsächlich zusammen, also etwa wenn du Fahrrad fährst oder an einem Seil hochkletterst, sondern auch mit ihren Linien. Wie sie das tun, erkläre ich dir gleich noch genauer.

Das steht in der linken Hand ...

Die linke Hand zeigt das Innere eines Menschen, also z.B. alle seine Anlagen und Talente aber auch Fehler, die er schon von Geburt an mitbekommen hat. Hier findest du Hinweise darauf, ob ein Mensch zum Beispiel eher schüchtern und gehemmt ist, oder ob er auf Menschen zugeht und schnell neue Freundschaften knüpft.

... und das in der rechten Hand

Die rechte Hand zeigt das an, was ein Mensch aus seinen Anlagen und Talenten macht und wie er mit seinen Fehlern umgeht. In der rechten Hand kannst du aber zum Beispiel auch sehen, wie ein Mensch sich gibt, wie er sich im Kontakt mit anderen Menschen verhält.
Die alten Hexen nannten unsere rechte Hand die „aktive", also die Hand, die zupackt und das Leben gestaltet. Die linke Hand hingegen nannten sie die „passive" Hand, sie unterstützt die rechte Hand bei ihrer Arbeit und bringt die Gefühle ins Leben.

Gilt das auch, wenn ich Linkshänder bin?

Es ist schon komisch, aber auch im Mittelalter und in der Vorzeit waren die meisten Menschen Rechtshänder. Linkshänder wurden zu diesen Zeiten häufig schief angesehen und man glaubte manchmal sogar, sie wären als Babys von Hexen verzaubert worden.

Natürlich ist das völliger Unsinn, und das wussten auch unsere Hexenvorfahren. Sie erkannten, dass Linkshänder häufig sogar schlauer und geschickter waren als Rechtshänder und sich bei ihnen das mit der „aktiven" und der „passiven" Hand einfach umdrehte. Wenn du also Linkshänder bist, ist deine linke Hand die aktive und die rechte die passive Hand.

Und wie ist das nun mit der Zusammen-arbeit zwischen den beiden Händen?

Eigentlich ganz einfach – die linke Hand zeigt die Anlagen, also das, was tief in einem Menschen schlummert und mit dem er bereits geboren wurde. Die rechte Hand dagegen zeigt, wie der Mensch damit umgeht. Stell dir einfach mal vor, in deiner linken Hand kannst du sehen, dass du eigentlich ziemlich schüchtern bist. So weit, so gut – das bedeutet aber nun nicht, dass du auch tatsächlich schüchtern bist. Erst wenn du die entsprechenden Stellen der rechten Hand ansiehst, kannst du erkennen, was du aus der Schüchternheit in deinem Leben machst oder machen kannst.

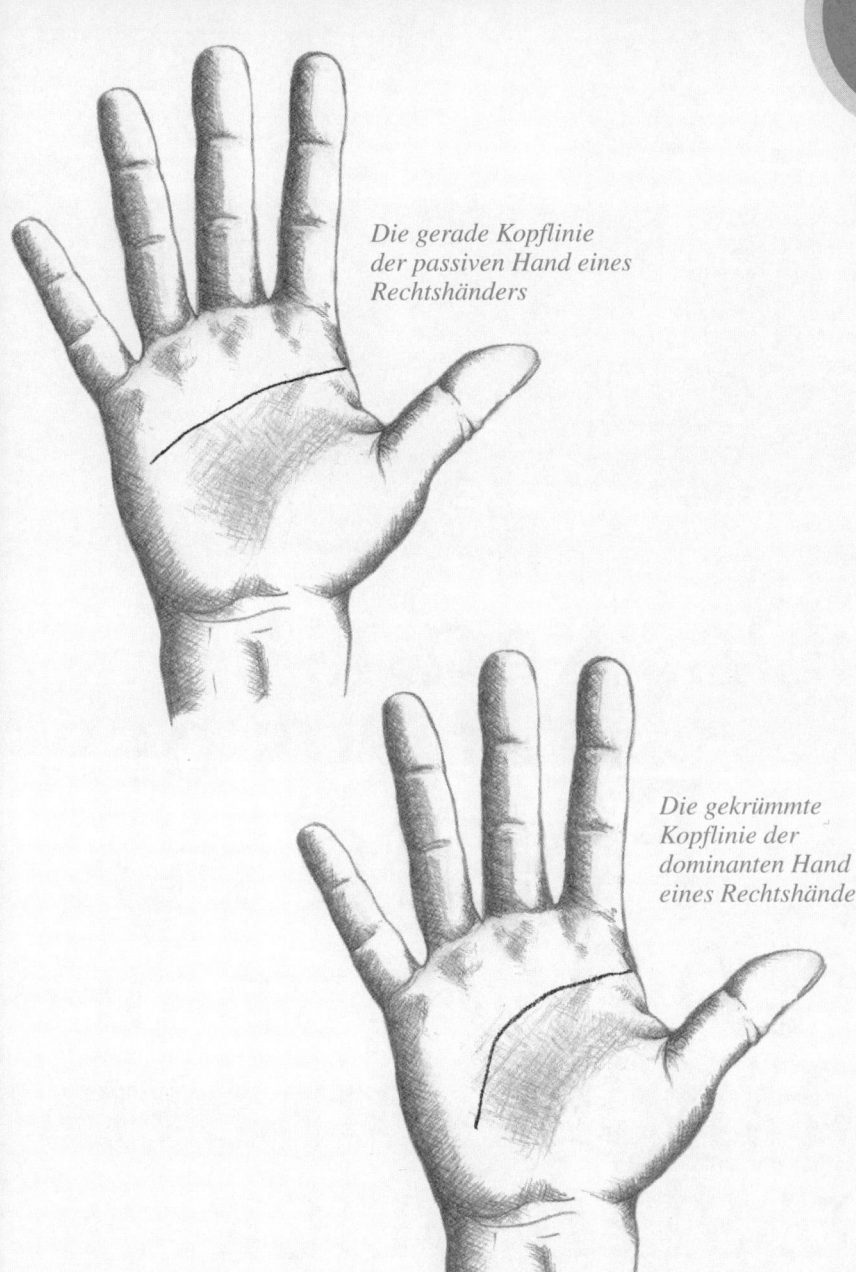

Die gerade Kopflinie der passiven Hand eines Rechtshänders

Die gekrümmte Kopflinie der dominanten Hand eines Rechtshänders

IV

Das kannst du aus der Form der Hand und der Finger auf den ersten Blick sehen

Bevor du in den „Tiefen" der Hand, also den Linien und Zeichen liest, musst du zunächst einen Blick auf die „Oberfläche" der Hand werfen – auf ihre äußere Form. Die Hexen des Mittelalters wussten schon genau, dass die Form einer Hand sehr viel über einen Menschen verrät und unterteilten sie deshalb in fünf unterschiedliche Formen. Das Wissen um die Handformen ist ein sehr mächtiges Werkzeug, denn damit konnten die Hexen bereits mit einem kurzen, unauffälligen Blick erkennen, um was für einen Menschen es sich bei ihrem Gegenüber handelt. Für die Hexen der damaligen Zeit war das überlebenswichtig, denn schließlich wurden sie von vielen Menschen verfolgt, und eigentlich jeder Mensch, der ihnen über den Weg lief, konnte eine Bedrohung für sie darstellen. Genau deshalb wurde dieses Wissen auch so lange wie möglich völlig geheim gehalten. Erst im 19. Jahrhundert kam ein französischer Handleser durch Zufall an die Aufzeichnungen einer spanischen Hexe des späten Mittelalters und damit hinter dieses so gut gehütete Geheimnis.

Der Handleser (sein Name war übrigens Casimir d´Arpentigny) konnte mit den Aufzeichnungen der Hexe zunächst nicht viel anfangen. Stück für Stück entschlüsselte er aber das geheimnisvolle Manuskript und gab das, was er darin gefunden hatte, als seine Entdeckung aus. Nachdem das Handlesen zu dieser Zeit immer mehr in Mode kam (und niemand mehr so richtig ernsthaft glaubte, dass Hexen etwas Böses sind) stürzten sich auch viele Wissenschaftler auf das Handlesen und schrieben unzählige Bücher zum Thema der Handformen. Ich habe viele dieser Bücher studiert und glaube mir, die meisten davon sind ziemlicher Unsinn und haben mit dem alten Hexenwissen nicht viel zu tun.

Deshalb zeige ich dir jetzt auch die vier Grundformen der Hand und ihre Bedeutung, so wie sie unsere Hexenvorfahren seit vielen Jahrhunderten von Generation zu Generation überliefert haben.

Element Luft

Hat die Form einer Hand etwas mit dem Sternzeichen zu tun?

Ja und nein – in Wirklichkeit ist das ein wenig komplizierter. Die alten Hexen haben die vier Handformen den vier Elementen *Feuer, Wasser, Luft* und *Erde* zugeordnet. Jede Handform entspricht also einem der Elemente, die auch den 12 Sternzeichen zugeordnet werden. Und wie du als Hexe weißt, haben die einzelnen Sternzeichen ja auch sehr unterschiedliche Eigenschaften, die unter anderem von ihrem jeweiligen Element bestimmt werden.

In meinem Buch „Astrotipps für Hexen" erfährst du übrigens genauer, wie sich die Elemente auf einen Menschen auswirken und was dabei sonst noch eine große Rolle spielt. An dieser Stelle möchte ich dir aber trotzdem eine kleine Übersicht der Sternzeichen und ihrer Elemente zeigen.

Das Element Feuer

Das Element Feuer symbolisiert Ehrlichkeit und Tatkraft, aber auch das spontane Handeln und die Willensstärke. Die Sternzeichen, die zum Element Feuer gehören, sind *Widder*, *Löwe* und *Schütze*.

Das Element Wasser

Das Element symbolisiert das Einfühlungsvermögen und das sehr starke und ehrliche Empfinden für die Gefühle anderer Menschen. Die Sternzeichen, die zum Element Wasser gehören, sind *Krebs*, *Skorpion* und *Fische*.

Das Element Erde

Dieses Element symbolisiert die Stabilität und den Wunsch nach Sicherheit im Leben. Die Sternzeichen, die zu diesem Element gehören, sind *Stier*, *Jungfrau* und *Steinbock*.

Das Element Luft

Das Element Luft symbolisiert die Intelligenz und die Bewegung im Leben. Die Sternzeichen, die zu diesem Element gehören, sind *Zwilling*, *Waage* und *Wassermann*.

Wie hängen die Elemente mit den Handformen zusammen?

Nun – jede Hand hat also eine bestimmte Form und damit ein Element, das zu ihr gehört. Wenn du nun beispielsweise eine Feuer-Hand siehst, bedeutet das auf jeden Fall, dass dieser Mensch Eigenschaften des Elements Feuer besitzt – also Ehrlichkeit, Willensstärke und Spontaneität.

Kann ich an der Handform auch gleich das Sternzeichen erkennen?

Nein, so leicht ist das leider nicht. Wenn du eine Feuer-Hand erkannt hast, weißt du zwar, dass zu diesem Element die Sternzeichen *Widder, Löwe* und *Schütze* gehören. Der Mensch mit der Feuerhand muss deshalb aber trotzdem nicht automatisch eines dieser drei Sternzeichen haben. Das klingt komisch, ist aber eigentlich ganz einfach. Der Mensch mit der Feuer-Hand hat lediglich die Eigenschaften des Elements Feuer und damit auch die Eigenschaften der drei Sternzeichen dieses Elements, nicht aber unbedingt auch das Sternzeichen selbst.
Und was bedeutet das für dich als Hexe? Nun, ganz einfach, dass du sehr vorsichtig mit der Beurteilung eines Menschen sein musst, so lange du nur seine Handform kennst. Sie verrät dir zwar schon eine Menge über diesen Menschen, wirklich beurteilen kannst du ihn aber erst, wenn du wenigstens einen Teil seiner Hand gelesen hast. Die Handform ist also ein erster und wichtiger Hinweis auf das Wesen eines Menschen – du darfst aber nie vergessen, dass dieser

erste Hinweis auch ein sehr unvollständiger ist! Etwas später zeige ich dir übrigens, wie du mit den Handformen sehr schnell einen ersten Eindruck davon bekommen kannst, ob ein Mensch grundsätzlich zu dir passt oder nicht.

Die quadratische Hand

Die quadratische Hand nennt man auch die „Erd-Hand" und sie hat, wie der Name schon sagt, eine eher kantige, fast quadratische Form, weshalb sie die Hexen des Mittelalters manchmal auch die „eckige" Hand nannten. Die quadratische Hand ist übrigens nicht so einfach zu erkennen, denn bei ihr gibt es eine kleine Ausnahme. Du darfst nämlich nicht die Form der gesamten Hand, sondern nur die Handfläche ansehen. Bei den drei weiteren Handformen ist das anders – hier ergibt die ganze Hand, also vom Handgelenk bis über die Fingerspitzen die Form.

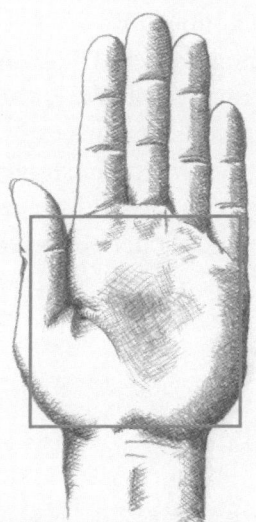

Menschen mit einer quadratischen Hand sind meistens sehr praktisch veranlagt, sie können also wirklich „anpacken" und sind deshalb auch häufig ziemlich geschickte Handwerker. Solche Menschen lassen sich nicht besonders gerne auf Träumereien und Illusionen ein. Sie können sehr gut beurteilen, ob eine Sache überhaupt eine Chance auf Erfolg hat oder nicht. Wenn sie merken, dass etwas nicht besonders realistisch ist, dann lassen sie es lieber bleiben, bevor sie am Ende enttäuscht werden. Menschen mit einer quadratischen Hand sind sehr zuverlässig, sie übernehmen gerne auch schwierige Aufgaben, vor denen andere Menschen Angst haben, und fast immer bewältigen sie diese Aufgaben auch sehr gut. Obendrein behalten sie, auch wenn es sehr stressig wird, die Ruhe und sind ehrlich, anhänglich und sehr treu. Bei so vielen guten Eigenschaften kann man fast schon ins Schwärmen kommen – als Hexe weißt du aber natürlich, dass nichts und niemand nur gute Seiten hat. Und so ist es auch bei den Menschen mit der quadratischen Hand: Ihre größte Schwäche ist, dass sie sich nicht so richtig für etwas begeistern können und deshalb manchmal ein bisschen langweilig wirken. Und genau das kann zum Beispiel eine ganz frische Freundschaft wieder kaputt machen, etwa weil der Junge, mit dem du zusammen bist, sich irgendwie nicht so richtig für dich begeistern kann. Wenn du später in seiner Hand lesen kannst, wirst du aber möglicherweise sehen, dass er dich doch sehr lieb hat.

Die ovale Hand

Die ovale Hand wird auch die „Wasser-Hand" genannt – die Hexen des Mittelalters bezeichneten sie übrigens als die „runde" Hand. Um die ovale Hand zu erkennen, ziehst du eine Linie vom Handgelenk um die Finger. Natürlich muss das Oval nicht immer so deutlich zu erkennen sein, wie in meiner Zeichnung.

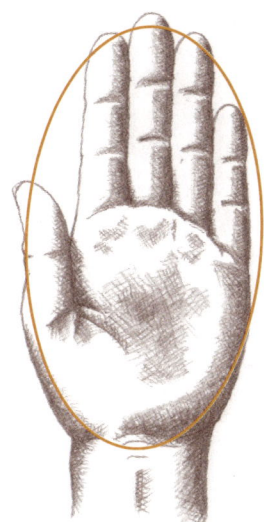

Menschen mit einer ovalen Hand haben meist ein sehr ausgeprägtes Einfühlungsvermögen. Sie können also besonders gut zuhören, die Probleme anderer Menschen verstehen und dann auch helfen. Fast alle Menschen mit ovaler Hand haben künstlerische Begabungen – sie können gut malen und zeichnen oder spielen ein Musikinstrument. Besonders bei Mädchen und

Frauen mit ovalen Händen fällt auf, dass sie fast immer einen sehr guten Geschmack haben und meist ziemlich gut angezogen sind. Menschen mit ovaler Hand zählen zu den friedlichsten Zeitgenossen. Sie streiten ungern, und von körperlicher Gewalt halten sie gar nichts. Wenn du irgendwo siehst, dass sich eine Horde Jungen prügelt, kannst du also sicher sein, dass keiner mit ovalen Händen dabei ist. Grundsätzlich versuchen die Menschen mit der ovalen Hand, sich dem Leben anzupassen. Sie gehen Widerständen lieber aus dem Weg, als sich damit auseinander zu setzen. Weil diese Menschen meist auch sehr viel Phantasie haben, fällt es ihnen eigentlich immer leicht, einen neuen Weg zu finden und Schwierigkeiten zu vermeiden. Menschen mit ovaler Hand sind intelligent – trotzdem geben sie sich manchmal allen möglichen Träumereien hin und verlieren deshalb auch leicht den Blick für die Realität. Und deshalb brauchen sie realistische Freunde, z.B. solche mit einer quadratischen Hand, die sie von Zeit zu Zeit wieder auf den Boden zurückholen. Besonders die Mädchen mit ovalen Händen haben eine große Schwäche – sie sind unglaublich empfindlich und ziehen sich viel zu schnell zurück, wenn sie einmal verletzt worden sind.

Die spatelförmige Hand

Die spatelförmige Hand wird auch „Feuer-Hand" genannt. „Spatelförmig" klingt allerdings auch ein bisschen komisch. Seinen Namen hat die Hand deshalb bekommen, weil die Form der Handfläche ein wenig an einen Spatel, also ein kleines, schaufelähnliches Werkzeug erinnert.

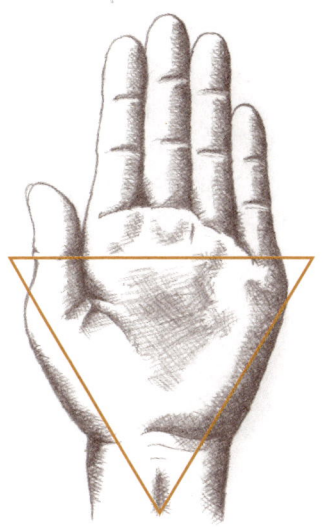

Menschen mit einer spatelförmigen Hand – ich nenne sie jetzt einfach mal die Feuer-Hand – sind meistens ziemlich lebhaft. Manchmal sogar so lebhaft, dass sie anderen Menschen damit auf die Nerven gehen und für Unruhe sorgen. Das ist natürlich nie böse gemeint. Sie stecken einfach so voller Energie, dass es ihnen schwer fällt, ruhig sitzen zu bleiben. Menschen mit einer Feuer-Hand sind obendrein sehr ehrgeizig. Wenn sie ein Ziel vor Augen haben, dann verfolgen sie es bis sie es endlich erreicht haben. Es fällt ihnen leicht, andere Menschen zu überzeugen und manchmal auch zu manipulieren – wenn du dir den Anführer einer Gruppe Jungen ansiehst, wirst du feststellen, dass er ziemlich wahrscheinlich eine Feuer-Hand hat. Menschen mit der Feuer-Hand sind fast immer ein bisschen eitel. Sie stehen gerne im Mittelpunkt und lieben es, wenn andere über sie sprechen. Obwohl sie manchmal wie der Party-Clown wirken, sind sie in Wirklichkeit sehr ernsthaft und zuverlässig. Sie sind sehr gute Freunde, auf die man sich wirklich verlassen kann, und obendrein auch sehr treu. Ihre größte Schwäche ist, dass sie manchmal rechthaberisch sind und schnell hektisch werden, wenn sie angestrengt an etwas arbeiten.

Die spitze Hand

Die spitze Hand nennen wir Hexen auch die „Luft-Hand". Du erkennst sie, wenn du eine Linie um die gesamte Hand ziehst, also vom Handgelenk bis zu den Fingerspitzen. Wenn eine spitze Hand sehr stark aus-

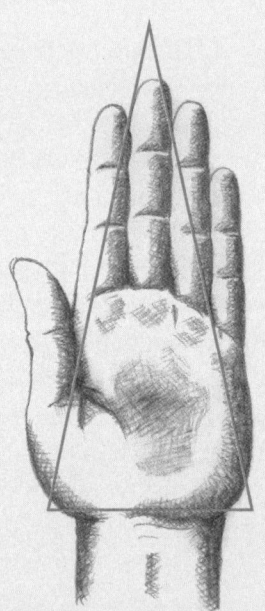

geprägt ist, dann sieht die Linie wie in meiner Zeichnung aus – also fast wie ein perfektes Dreieck.

Menschen mit einer spitzen Hand sind sehr neugierig und suchen ständig nach aufregenden Erlebnissen und Abenteuern. Sie sind mutig und können sehr schnell eine Entscheidung treffen, ohne erst lange darüber nachdenken zu müssen. Menschen mit einer spitzen Hand neigen zum Träumen und können andere Menschen damit völlig in ihren Bann ziehen. Weil sie meist auch eine Menge künstlerische Begabung und viel Phantasie haben, können sie gut schreiben, malen und zeichnen. Allerdings langweilen sie sich schnell, wenn sie eine Aufgabe erledigt haben. Sie würden am liebsten zehn Dinge auf einmal tun (am besten natürlich zehn superspannende Dinge), dummerweise verzetteln sie sich dabei aber schnell und verlieren dann den Überblick. Menschen mit spitzen Händen haben fast immer einen riesigen Freundeskreis – wirkliche und sehr gute Freunde sind aber nur wenige dabei. Eine kleine Schwäche dieser Menschen ist, dass sie sich leider sehr leicht von anderen manipulieren oder sogar verführen lassen. Das ist auch der Grund, warum sie immer wieder in Sachen hineinrutschen, die ihnen gar nicht gut bekommen und die sie dann auch ziemlich unglücklich machen. Weil sie sich auch nicht besonders gerne der unangenehmen Realität stellen, sondern lieber träumen, bleiben sie dann manchmal viel zu lange in etwas stecken, das sie schon längst hätten beenden sollen.

Hier wird's schwierig: die gemischte Hand

Die gemischte Hand ist am schwierigsten zu erkennen, denn sie vereint die Eigenschaften der vier anderen Handformen in sich. Eine solche Hand kann also zum Beispiel die eckige Handfläche der quadratischen Hand haben und zugleich die Finger der spitzen Hand. Etwa ein Viertel aller Menschen haben eine solche gemischte Hand, und meistens musst du etwas länger und auch sehr genau hinsehen, um sie überhaupt zu erkennen. Menschen mit der gemischten Hand haben natürlich auch „gemischte" Eigenschaften – also die, die die einzelnen Handformen mitbringen.

Gute Handformen, schlechte Handformen – gibt's so was?

Nein, das gibt es nicht! Alle Handformen haben ihre Besonderheiten, ihre Stärken und Schwächen, aber keine Handform ist besser oder schlechter als eine andere. Bei der gemischten Hand könnte man jetzt natürlich denken, dass sie doch irgendwie besser ist, denn sie vereint ja die Eigenschaften der anderen Handformen in sich. Auf den ersten Blick sieht das wirklich so aus, es stimmt aber nicht. Die gemischte Hand „besteht" zwar aus einer oder mehreren Handformen, sie bringt aber auch nur jeweils einen Teil der Eigenschaften der anderen Formen mit. Wenn du in einer gemischten Hand also drei verschiedene Handformen findest, so weist dieser Mensch eben auch nur jeweils ein Drittel der Eigenschaften auf.

Wenn es schnell gehen muss: So siehst du sofort, wer zu wem passt

Wie du ja nun weißt, gibt alleine die Form der Hand schon eine Menge über einen Menschen preis, und du kannst mit diesem Wissen Menschen blitzschnell einschätzen. Zu fest darfst du dich auf die Handformen allerdings nicht verlassen, denn dafür verraten sie einfach zu wenig über einen Menschen. Urteile also niemals voreilig, und vor allem: Wenn du dir eine Meinung gebildet hast, dann behalte sie zunächst für dich!

Warum du bei den Handformen vorsichtig sein musst

Stell dir einmal vor, du lernst einen netten Jungen (oder ein Mädchen) kennen, weißt aber nicht so genau, was du von diesem Menschen halten sollst. Du wirst nicht so recht schlau aus ihm oder ihr, obwohl du vielleicht gerade dabei bist, dich in diesen Menschen zu verlieben. Du bemerkst plötzlich irgendeine Eigenschaft an diesem Jungen, die dir nicht gefällt, oder die du einfach blöd findest und beschließt, dass dieser Junge einfach nicht zu dir passt. Tja – das wäre dann wahrscheinlich ein bisschen zu schnell geurteilt, denn schließlich kennst du diesen Menschen ja noch gar nicht wirklich. Mit deinem viel zu frühen Entschluss, dass ihr beide nicht zusammenpasst, lässt du dir also vielleicht die Chance auf eine tolle Freundschaft entgehen. Wenn du dagegen ein wenig abwartest und den Jungen etwas besser kennen lernst, kannst du auch andere und angenehmere Seiten an ihm entdecken. Vielleicht stellst du dann auch fest, dass dich seine anderen Eigenschaften gar nicht mehr wirklich stören, und ihr kommt tatsächlich zusammen. Aber selbst wenn das nicht so ist, und du doch bei deiner ersten Entscheidung bleibst, hast du nichts verloren. Du hast lediglich ein wenig länger gewartet. Nichts anderes ist das bei der Arbeit mit den Handformen. Sie geben dir einen ersten, oberflächlichen Eindruck des Menschen. Erst wenn du seine Hände genauer gesehen und vielleicht auch darin gelesen hast, kannst du sagen, ob ihr zusammenpasst oder nicht.

Und noch mal zur Erinnerung: Als Hexe kannst du dir keine voreiligen Schlüsse erlauben, sondern du beobachtest und wartest ab!

Die Handformen und wie sie zueinander passen

Die quadratische Hand trifft die quadratische Hand

Wenn zwei Menschen mit quadratischen Händen aufeinander treffen, ist das eine gute Verbindung. Beide sind fleißig und eher praktisch veranlagt und können Schwierigkeiten und Probleme gemeinsam schneller lösen. Für Eifersucht ist in einer solchen Beziehung kein Platz, denn beide sind sehr treu. Eine kleine Gefahr lauert allerdings doch. Weil Menschen mit der quadratischen Hand ihre Gefühle manchmal nicht besonders gut zeigen können, „futtern" sie viel in sich hinein, anstatt einfach mal zu sagen, was ihnen nicht passt. Wenn das zwei Menschen in einer Beziehung tun, dann gibt es früher oder später den großen Knall und viele Tränen.

Die quadratische Hand trifft die spitze Hand

Wenn zwei Menschen mit diesen Handformen zusammenkommen, kann es kritisch werden. Einem Menschen mit der quadratischen Hand ist die spitze Hand viel zu zappelig, umgekehrt findet die spitze Hand die quadratische auf Dauer viel zu langweilig und spießig. Während die quadratische Hand ziemlich realistisch ist, träumt die spitze Hand gerne vor sich hin und lebt manchmal in Illusionen.

Die quadratische Hand trifft die spatelförmige Hand

Diese Verbindung kann richtig gut funktionieren, aber nur, wenn beide gut auf die Schwächen des anderen aufpassen! Ähnlich wie die spitze Hand ist auch die spatelförmige ein richtiger Wirbelwind und kann ihre Energie kaum bändigen. Vor allem schafft es die spatelförmige Hand, die quadratische mitzureißen. Am besten harmonieren die beiden Handformen aber deshalb, weil sie beide ehrlich und treu sind und die gleichen Vorstellungen eines gemeinsamen Lebens haben.

Die quadratische Hand trifft die ovale Hand

Wenn Menschen mit diesen Handformen zusammentreffen, sind die Voraussetzungen zwar nicht besonders gut – es kann aber auch genau das Gegenteil der Fall sein. Die quadratische Hand kommt mit den Empfindungen und Gedanken der ovalen Hand nicht wirklich zurecht. Die ovale Hand dagegen ist genervt von der Langsamkeit der quadratischen. So ist es zwar grundsätzlich, manchmal findet man aber auch das genaue Gegenteil und beide Handformen werden die besten Freunde. Beurteilen kannst du das erst nach einem Blick auf die Handlinien.

Die spitze Hand trifft die spitze Hand

Wenn zwei Menschen mit spitzen Händen aufeinander treffen, ist das zwar meist eine gute, allerdings keine besonders spannende Verbindung. Die spitze Hand neigt ja zum Träumen. Zusammen mit einer zweiten spitzen Hand ist das natürlich noch viel schöner. Das einzige echte Problem an dieser Verbindung ist, dass sich die beiden spitzen Hände zu tief in ihre Träumereien verstricken, weil sie niemanden haben, der sie in die Realität zurückholt.

Die spitze Hand trifft die quadratische Hand

Diese Verbindung kann gut gehen, aber nur, wenn beide Menschen sich klar darüber sind, dass es nicht gerade einfach wird. Der spitzen Hand ist die quadratische nämlich meistens zu ruhig und zurückhaltend, die quadratische Hand dagegen ist schnell davon genervt, dass die spitze Hand dauernd auf „Entdeckungsreisen" geht und alle möglichen abenteuerlichen Dinge anstellt. Wenn zwei Menschen mit diesen Handformen zusammenkommen wird es auf jeden Fall niemals langweilig. Sehr positiv an dieser Kombination ist, dass beide Menschen wirklich gut voneinander lernen können, denn sie haben viele Eigenschaften, die dem jeweils anderen fehlen.

Die spitze Hand trifft die spatelförmige Hand

Auch diese Kombination ist nicht ganz einfach und braucht deshalb viel Aufmerksamkeit von beiden Menschen. Menschen mit spitzer und mit spatelförmiger Hand sind manchmal ziemlich aufgedreht, langweilen werden sie sich zusammen also nicht. Es kann aber ein echtes Problem geben, weil die spitze Hand gerne flirtet, die spatelförmige aber ziemlich leicht eifersüchtig wird.

Die spitze Hand trifft die ovale Hand

Wenn zwei Menschen mit diesen Handformen zusammenkommen, ist das fast schon die ideale Kombination! Beide Handformen lieben es nämlich unter Menschen zu sein, also etwa gemeinsam auf Partys zu gehen und haben auch fast denselben Geschmack, was Musik und Kleidung angeht. Sie können wunderbar miteinander träumen – genau das kann aber auch problematisch werden. Die spitze und die ovale Hand neigen nämlich ein bisschen dazu, die Realität aus den Augen zu verlieren. Auf Dauer leben dann beide in einer Traumwelt und merken manchmal gar nicht, dass es außen herum Probleme zu lösen gibt.

Die spatelförmige Hand trifft die spatelförmige Hand

Diese Kombination ist sehr positiv, denn beide Handformen bestätigen sich in fast allen ihren Wünschen und Vorlieben. Wenn zwei Menschen mit spatelförmigen Händen längere Zeit zusammenbleiben, können sie sehr erfolgreich werden. Beide sind sehr ehrgeizig und wollen sich ihre Wünsche unbedingt erfüllen. Genau das kann aber manchmal auch Probleme geben. Weil beide gerne der Anführer sind, gibt es besonders in Cliquen deshalb häufig Streit, unter dem natürlich auch eine Freundschaft sehr leiden kann.

Die spatelförmige Hand trifft die quadratische Hand

Wenn zwei Menschen mit diesen Handformen zusammenkommen, fliegen schon mal die Fetzen! Das ist aber gar nicht unbedingt negativ gemeint, denn beide Handformen können viel voneinander lernen. Die quadratische Hand kann der spatelförmigen zum Beispiel mehr Ruhe bringen, umgekehrt sorgt die spatelförmige Hand für ein bisschen mehr Bewegung und zeigt der quadratischen Hand, wie leicht es fällt, aus sich herauszugehen.

Die spatelförmige Hand trifft die spitze Hand

Auch diese Kombination ist nicht ganz unkritisch, wie viel Streit es geben kann, hängt aber davon ab, wie sehr sich die beiden Menschen aufeinander einlassen. Die spatelförmige Hand wird nämlich gerne besitzergreifend und will die spitze Hand am liebsten ganz für sich haben. Das kann natürlich nicht funktionieren, denn Menschen mit einer spatelförmigen Hand brauchen einfach ein bisschen mehr Freiheiten. Menschen mit einer spitzen Hand sind manchmal auch nicht besonders diplomatisch – und wenn der spatelförmigen Hand jetzt vielleicht noch ein unbedachtes Wort herausrutscht, fliegen schnell die Fetzen.

Die spatelförmige Hand trifft die ovale Hand

Wenn zwei Menschen mit diesen Handformen zusammenkommen, kann das eine echte Traumbeziehung werden. Beide Handformen sind sehr leidenschaftlich und wirklich positiv ist, dass die spatelförmige Hand die ovale sehr schnell wieder auf den Boden der Tatsachen zurückholen kann. Das ist hin und wieder wirklich nötig, denn die ovale Hand neigt ja ein bisschen dazu, sich in Träumereien zu verlieren. Ein Problem kann es bei dieser Kombination aber geben. Die spatelförmige Hand übernimmt nämlich gerne die Führung.

Wenn die ovale Hand das nicht akzeptiert, dann gibt es zwangsläufig Streit.

Die ovale Hand trifft die ovale Hand

Diese Kombination ist eigentlich sehr schön und wird auch fast immer gut funktionieren. Menschen mit ovalen Händen haben meistens einen sehr guten Geschmack, und wenn zwei ovale Hände aufeinander treffen, bestätigen sie sich in allen ihren kreativen Ideen und Vorstellungen. Weil beide wissen, dass sie sehr empfindlich sind, gehen sie vorsichtig miteinander um und streiten und verletzen sich eigentlich nie. So viel Harmonie kann aber auch störend sein, denn zwei Menschen mit ovalen Händen verlieren leicht den Kontakt zu ihrer Umwelt und vernachlässigen dann ihre Freunde. Deshalb müssen sie sich hin und wieder fast schon dazu zwingen, wieder unter Menschen zu gehen und ihre Zeit nicht nur miteinander zu verbringen.

Die ovale Hand trifft die quadratische Hand

Wenn zwei Menschen mit diesen Handformen zusammenkommen, kann das ziemlich schwierig werden. Die ovale Hand kann nämlich manchmal einfach nicht verstehen, warum die quadratische etwas langsamer ist, umgekehrt ist die quadratische Hand davon genervt, dass die ovale Hand sich häufig in Träumen verliert. Genau das fehlt der quadratischen Hand aber sehr oft, und deshalb können eigentlich beide Handformen viel voneinander lernen. Das klappt allerdings nur, wenn beide auch dazu bereit sind und viel Geduld für den anderen aufbringen.

Die ovale Hand trifft die spitze Hand

Diese Kombination hat sehr gute Chancen, denn beide Handformen können herrlich miteinander träumen und haben dieselben Vorstellungen davon, wie sie ihr Leben führen möchten. Weil beide auch noch ziemlich kreativ und fantasievoll sind, kommen sie auf die verrücktesten Ideen und lachen sehr viel gemeinsam. Sehr positiv bei dieser Kombination ist, dass die spitze Hand bei aller Träumerei ein wenig realistischer ist als die ovale und sie deshalb bei Problemen auch auf den richtigen Weg führen kann. Ein kleines Problem kann sich allerdings auch bei dieser Kombination ergeben, und zwar weil die spitze Hand Phasen hat, in denen sie sich zurückzieht und ihre Ruhe braucht. Das versteht die ovale Hand häufig nicht und fühlt sich gekränkt oder nicht mehr geliebt.

Die ovale Hand trifft die spatelförmige Hand

Diese Kombination ist eine der besten bei allen Handformen, sie funktioniert auch fast immer und hält sehr lange. Die spatelförmige Hand bringt der ovalen etwas mehr Ehrgeiz und bekommt dafür ein bisschen mehr Entspannung. Aber auch hier kann es ein Problem geben. Die spatelförmige Hand will nämlich, wenn es geht, immer Recht haben, und die ovale Hand ist zu schnell verletzt, wenn sie zum Beispiel in einer Diskussion nicht ernst genommen wird. Wenn die spatelförmige Hand zu rechthaberisch ist, dann zieht sich die ovale Hand schnell in ihr Schneckenhaus zurück, und dadurch kann eine wunderschöne Freundschaft in die Brüche gehen.

Und wie geht es jetzt weiter?

Wie du die Handformen deuten kannst, weißt du nun bereits. Und du weißt auch, dass du damit sehr vorsichtig sein musst und dir erst ein wirkliches Urteil bilden kannst, wenn du die Linien der Hand gelesen hast. Und genau das ist der schwierigste Teil unserer Hexenkunst!

Warum du beim Handlesen keine Zuschauer brauchen kannst

Du musst dich wirklich sehr darauf konzentrieren, was du gerade tust, und darfst dich dabei auf keinen Fall ablenken lassen. Deshalb ist es auch am besten, wenn du deine ersten Übungen zu zweit, also vielleicht zusammen mit deiner besten Freundin machst. Auf keinen Fall sollten andere Personen dabei sein. Selbst wenn sie still sind, können sie dich ablenken. Warum das so ist, hat einen psychologischen Grund, den aber bereits die alten Hexen sehr gut kannten.

Wenn du jemandem aus der Hand liest, erkennst du dabei alle möglichen Dinge – schöne, aber vielleicht auch weniger schöne. Der Mensch, dem du aus der Hand liest, hört diese Dinge und reagiert natürlich darauf. Auch wenn er es nicht laut tut und sich zusammenreißt, so kannst du trotzdem merken, dass er sich über etwas Angenehmes natürlich freut und vor einer weniger schönen Sache vielleicht Angst bekommt. Manche Menschen widersprechen sogar und fangen mitten in deiner Arbeit plötzlich an zu sagen: „Stimmt ja gar nicht" oder „Das will ich aber nicht" oder so etwas Ähnliches. Das ist im Grunde nicht weiter schlimm, denn in diesem Augenblick empfindet der Mensch es eben einfach so. Ob du willst oder nicht, beeinflusst das aber deine Konzentration, und dein Unterbewusstsein versucht verzweifelt, keine Fehler zu machen. Keine „Fehler" machen bedeutet, dass du nun vielleicht nichts mehr sagen wirst, was dem anderen Menschen unangenehm sein könnte. Du sagst damit aber auch nicht mehr das, was du tatsächlich in der Hand siehst!

Wenn du dir nun vorstellst, dass vielleicht noch zwei oder drei Freundinnen daneben sitzen, während du in einer Hand liest, dann ist klar, dass du dich einfach nicht wirklich konzentrieren kannst. Das Ergebnis deiner Arbeit kann damit auch nicht so gut sein und möglicherweise enttäuschst du damit einen anderen Menschen.

Besonders wenn du gerade erst mit dem Handlesen anfängst, solltest du eine ganz andere Methode anwenden, die ich dir gleich zeigen will.

V

Hier kannst du lesen wie in einem Buch: die Linien der Hand

Nachdem du nun die Handformen kennst, wird es jetzt sehr spannend. Du wirst lernen, die Handlinien zu lesen. In ihnen verbergen sich die Vergangenheit, die Gegenwart und ein Teil der Zukunft eines Menschen, allerdings findest du diese Hinweise nicht offen, sondern verschlüsselt.

Die Hexen der Frühzeit und des Mittelalters wussten, dass sich die Linien in der Hand beständig verändern. Bei einem Kind sehen sie also anders aus als bei einem alten Menschen. Es müssen aber gar nicht unbedingt viele Jahre vergehen, bis sich die Handlinien verändern. Schon nach wenigen Monaten können sie anders aussehen und neue Tendenzen anzeigen.

Warum du Hände „aufbewahren" solltest

Wir kennen viele Überlieferungen unserer Hexenvorfahren, also Rezepte, Zaubersprüche oder auch Zeichnungen von Handlinien. Die alten Hexen mussten sich dazu noch stundenlang hinsetzen und jede Linie und ihre Bedeutung mühevoll aufzeichnen. Zum Glück haben wir modernen Hexen es heute aber viel einfacher. Statt eine Hand zu zeichnen, kopierst du sie nämlich einfach. Stimmt – du hast richtig gehört! Der Mensch, aus dessen Hand du lesen willst, legt seine Hände einfach auf ein Kopiergerät und macht von jeder Hand eine Kopie. Beim Kopieren muss man allerdings darauf achten, dass die Handfläche schön flach auf die Glasscheibe des Kopierers gedrückt wird, weil man sonst die feinen Linien nicht mehr erkennen kann. Das mit dem Kopieren ist besonders für deine ersten Übungen sinnvoll, denn die kopierte Hand kannst du mit nach Hause nehmen und sie in aller Ruhe analysieren. Natürlich kannst du in einer „echten" Hand besser und genauer lesen, wenn du ein wenig Übung hast, solltest du die Kopien deshalb auch nur noch im Notfall verwenden. Ich mache das mit den kopierten Händen aber trotzdem noch manchmal – zum Beispiel wenn eine Freundin einen Rat von mir braucht, sie aber weit entfernt wohnt. Dann schickt sie mir einfach die Kopien ihrer Hände oder (was ehrlich gesagt ziemlich häufig vorkommt) die des Jungen, in den sie sich gerade verliebt hat.

Das ist wichtig: die richtige Stimmung!

Ich hatte es ja vorhin schon gesagt, du kannst am besten arbeiten, wenn du so ungestört wie möglich bist. Das Klassenzimmer, das Zugabteil oder die Party sind also einfach nicht die geeigneten Orte, um jemandem aus der Hand zu lesen. Besser ist ein ruhiges Zimmer ohne Zuschauer, es kann aber auch eine schöne Wiese oder eine Waldlichtung sein – Hauptsache, es kommen nicht dauernd andere Leute vorbei, die euch stören. Wie wichtig das ist, kannst du daran sehen, dass auch die Handleserinnen, die du heute auf einem Jahrmarkt triffst, ihre Arbeit wie seit Jahrhunderten immer in einem kleinen Zelt ausführen und nie mitten in einer Menschenmenge. Bevor du aus der Hand liest, musst du für die richtige Stimmung sorgen, denn nur so kannst du dich entspannen und alles aufnehmen, was dir die Hand des anderen Menschen verrät. Aber auch dein Gegenüber muss sich entspannen. In einer verkrampften Hand kannst du nämlich nicht besonders gut lesen! Am besten lässt du den anderen Menschen ein bisschen erzählen – vielleicht davon, was in letzter Zeit passiert ist, oder was für Wünsche es für die Zukunft gibt. Lass dem anderen Menschen immer genügend Zeit, sich zu entspannen und vergiss nie, dass jeder Mensch anders ist und deshalb auch seine ganz eigene Zeit braucht. Du darfst nie etwas beschleunigen oder gar einen Menschen drängen.

Die alten Hexen kannten natürlich viele Entspannungsrezepte – am besten wirkte schon vor Jahrhunderten eine Räucherschale mit verschiedenen entspannenden Kräutern. Wir modernen Hexen haben aber leider nicht immer die Zeit, ein Räucherschälchen anzuzünden – deshalb kannst du natürlich auch Räucherstäbchen verwenden. Räucherstäbchen bekommst du in Esoterik-Läden, wo sie zwar ein bisschen teurer sind als im Supermarkt – dafür findest du hier aber auch eine große Auswahl und kannst sicher sein, dass sie eine gute Qualität haben. Ich persönlich benutze zum Entspannen übrigens am liebsten Sandelholzräucherstäbchen, du kannst aber natürlich auch andere Düfte einsetzen. Wenn du lieber eine Räucherschale verwenden willst und dich damit noch nicht so gut auskennst, wirf vorher einen kurzen Blick in mein Buch „Zauberpower", in dem ich dir alles Wichtige zu Kräutern und Räucherschalen erkläre.

Was die Linien dir über einen Menschen sagen

Um die Linien in unseren Händen gibt es viel Verwirrung und es wurde (und wird leider immer noch) sehr viel Unsinn erzählt. Bestimmt hast du schon die merkwürdigsten Sachen darüber gehört, also etwa dass man in der Hand erkennen könne, wie lange ein Mensch lebt, oder wann er heiratet und Kinder bekommt, oder sogar wann er im Lotto gewinnt oder eine schöne Urlaubsreise macht.

Nun – was soll man als Hexe zu solchen Dingen sagen? Stimmt, am besten gar nichts, denn eine ernsthafte Hexe weiß genau, dass solche Aussagen einfach völliger Blödsinn sind!

Wir können zwar sehr vieles aus unseren Händen lesen, niemals aber zum Beispiel die Länge unseres Lebens, oder wann genau wir uns verlieben werden. Wenn jemand etwas anderes behauptet, hat er einfach keine Ahnung von unserer Kunst und am besten versuchst du erst gar nicht, ihn von etwas anderem zu überzeugen. Du hast es als Hexe auch gar nicht nötig, dich um einen solchen Unsinn zu streiten – schließlich weißt du es ja besser.

Die Linien in den Händen sind nichts weiter als ein Spiegel unseres Lebens, und zwar einer, der sich ständig verändert. Warum das so ist? Ganz einfach:

weil sich unser Leben ja auch ständig verändert! Wir haben gute Zeiten und schlechte Zeiten, wir werden krank und wieder gesund, wir verlieben uns und haben Liebeskummer, wir erleben schreckliche Dinge und wunderschöne. All diese Erlebnisse und Lebensphasen zeichnen ihre Spuren in unsere Hände, besser gesagt in die Linien in unseren Händen.

Was bleibt und was kommt

Alle Dinge, die in unserem Leben bereits irgendwann einmal geschehen sind, zeigen sich also in den Handlinien. Das passiert nicht sofort – also wenn du beispielsweise eine sehr lange und wunderschöne Freundschaft hast, wirst du das noch nicht nach ein paar Tagen in deinen Handlinien erkennen können. Nach ein paar Monaten aber, werden sich genau die Linien, die für ein harmonisches Leben und die Liebe stehen, verändert haben, und wenn du darin lesen kannst, kannst du auch die Spuren deines Glücks erkennen. Genauso ist es natürlich auch umgekehrt – wenn du lange Zeit Liebeskummer hattest, wird sich das ein wenig später ebenfalls in deiner Hand abzeichnen.
Was du nicht sehen kannst – zumindest nicht direkt – ist die Zukunft. Sie entzieht sich auch uns Hexen. Allerdings können wir sie sehr gut ahnen, wenn wir wissen, auf was genau wir achten müssen. Wie das geht, das zeige ich dir etwas später.
Nun wenden wir uns erst einmal den Linien der Hand zu und was sie bedeuten. Dazu musst du wissen, dass

es vier Haupt- und eine ganze Menge so genannter Nebenlinien gibt. Natürlich sind die Hauptlinien besonders wichtig, die Nebenlinien sind deshalb aber nicht unwichtig. Sie ergänzen die Hauptlinien und zeigen in Verbindung mit ihnen ein besseres und klareres Bild des jeweiligen Menschen. Damit du die vier Hauptlinien leichter findest, habe ich sie dir hier einmal aufgezeichnet.

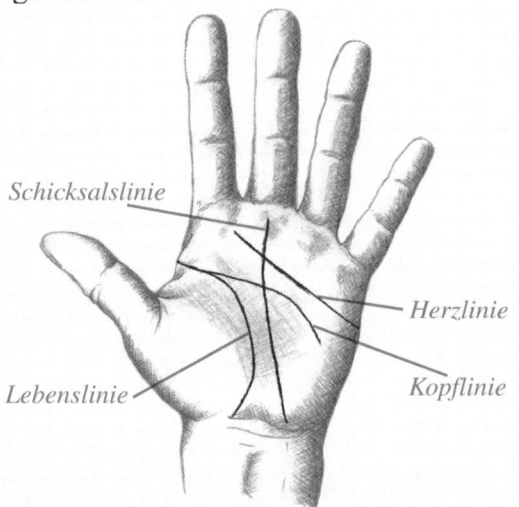

Bei mir sehen die Linien aber ganz anders aus!

Du vergleichst gerade deine Hand mit meiner Zeichnung und siehst, dass deine Linien ganz anders aussehen? Nun, ich würde mal sagen: zum Glück! In der Zeichnung habe ich die Linien bewusst übertrieben,

damit du sie besser erkennst. In Wirklichkeit sehen sie bei jedem Menschen natürlich anders aus, schließlich hat ja jeder Mensch auch ein anderes Leben. Lass dich also von meinen Zeichnungen nicht durcheinander bringen, sie sollen dir einfach zeigen, wo du welche Linien findest, und was sie bedeuten. Wenn du einem Menschen aus der Hand liest, werden seine Linien also ganz sicher anders aussehen, als die in meinen Zeichnungen. Normalerweise befinden sich die Linien bei allen Menschen so ziemlich an denselben Stellen, bei manchen ist das allerdings anders. Die Herzlinie z.B. verläuft bei fast allen Menschen waagerecht von der Wurzel des Zeigefingers zur Außenhand. Es gibt aber auch Ausnahmen – wenn die Herzlinie beispielsweise nicht unter dem Zeigefinger, sondern in der Handfläche zwischen Daumen und Zeigefinger beginnt. Lass dich von solchen Ausnahmen nicht durcheinander bringen, jeder Mensch ist eben anders, und deshalb sind auch die Linien der Hand manchmal sehr unterschiedlich angelegt. Das Beispiel mit der Herzlinie zwischen Daumen und Zeigefinger würde man übrigens eine „tiefe" Herzlinie nennen, die ganz deutlich anzeigt, dass ein Mensch extrovertiert, also sehr offen ist und schnell Kontakt mit anderen Menschen knüpft.
Und noch etwas Wichtiges: Alle vier Hauptlinien sind gleichwertig – das heißt, dass keine wichtiger ist als die andere!

Die Herzlinie

Die Herzlinie ist die oberste Linie in der Hand, sie verläuft normalerweise ziemlich waagerecht, etwa von der Wurzel des Zeigefingers bis hinunter zum äußeren Rand der Hand. Sie hat, wie auch die anderen Linien, nicht nur eine, sondern mehrere Bedeutungen. Hauptsächlich sagt sie aus, ob ein Mensch mehr oder weniger gefühlsbetont ist. Sie zeigt aber auch, wie dieser Mensch mit anderen Menschen umgeht, wie stark er Liebe empfinden kann, und wie sehr er sich danach sehnt. Je nachdem, wie die Herzlinie aussieht, hat sie eine jeweils unterschiedliche Bedeutung. Ich zeige dir jetzt einmal die wichtigsten Formen der Herzlinie, so wie sie seit Jahrhunderten überliefert sind.
In der linken Hand siehst du eine starke, in der rechten Hand eine schwache Herzlinie.

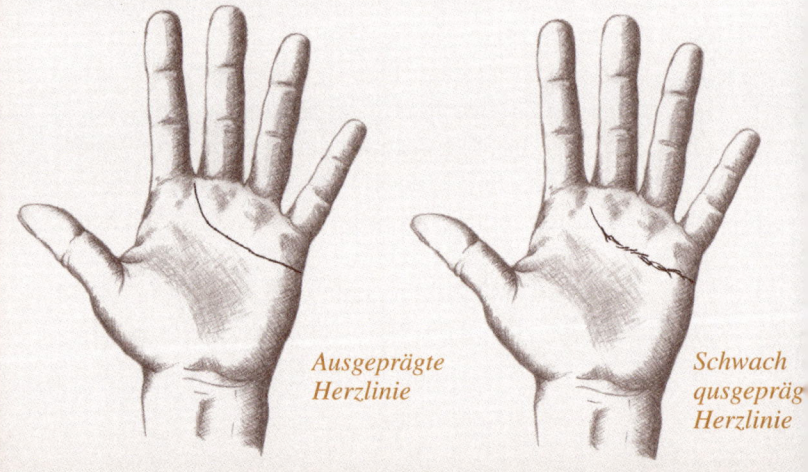

Ausgeprägte Herzlinie

Schwach qusgepräg Herzlinie

Die starke Herzlinie

Die starke Herzlinie bedeutet, dass ein Mensch warmherzig ist und sich in die Probleme anderer gut einfühlen kann. Solche Menschen vertrauen ihren Gefühlen mehr als ihrem Kopf. Sie sind ehrlich und treu. Wenn die Herzlinie sehr stark ausgeprägt ist (also zum Beispiel besser zu sehen ist, als alle anderen Linien) zeigt das, dass dieser Mensch sehr spontan ist. Das ist einerseits eine positive Eigenschaft, andererseits bedeutet zu viel Spontaneität, dass man sich leicht zu unüberlegten Handlungen hinreißen lässt.

Die schwache Herzlinie

Eine schwache Herzlinie zeigt, dass ein Mensch mit seiner Gefühlssituation unzufrieden ist und vielleicht sogar darunter leidet. Menschen mit einer sehr schwachen Herzlinie haben oft wenig Selbstbewusstsein und lassen sich deshalb leicht von anderen beeinflussen. Das alte Sprichwort, dass Menschen mit schwacher Herzlinie schnell untreu werden, stimmt aber nicht und ist Unsinn!

Zwei weitere Formen sind die gekrümmte und die gerade Herzlinie.

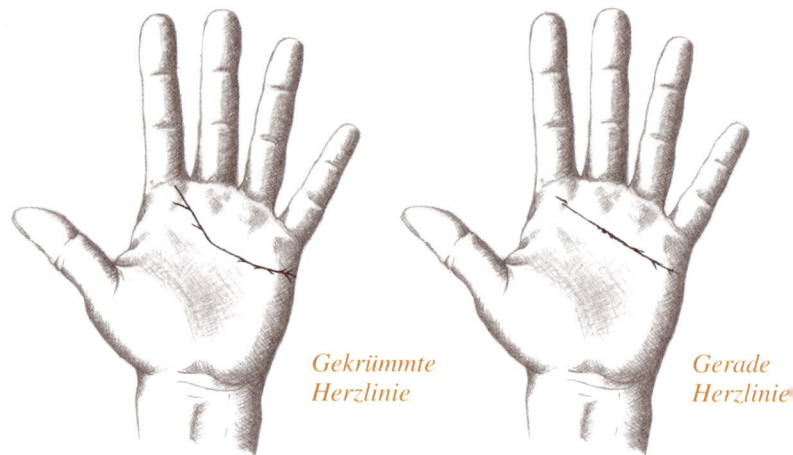

Gekrümmte Herzlinie

Gerade Herzlinie

Die gekrümmte Herzlinie

Hat ein Mensch eine gekrümmte Herzlinie, ist er sehr bestimmend und weiß genau, was er will. Solche Menschen warten nicht lange, sie tun fast immer den ersten Schritt, wenn es darum geht, jemanden kennen zu lernen. Kommt es zu einer Freundschaft, sind diese Menschen sehr verschmust, romantisch und leidenschaftlich, sie brauchen aber auch lange Gespräche bei Kerzenschein. Die Schwäche dieser Menschen ist manchmal ihre Eitelkeit. Sie wollen selbst gut aussehen und suchen sich deshalb auch einen möglichst attraktiven Partner. Wenn die Herzlinie sich obendrein noch zur Kopflinie neigt, kann dieser Mensch sogar oberflächlich sein. Er sucht sich seinen Partner dann mehr nach dem guten Aussehen, als nach anderen Werten aus.

Die gerade Herzlinie

Menschen mit einer solchen Herzlinie sind eher vernünftig und können ihre Gefühle leider nicht so offen zeigen wie die Menschen mit der gekrümmten Herzlinie. Zur Vernunft kommt aber meistens auch noch eine große Portion Schüchternheit, so dass sich solche Menschen fast nie trauen, jemanden von sich aus anzusprechen. Das ist schade, denn dadurch verpassen sie manchmal die Chance auf eine tolle Freundschaft. Meist sind Menschen mit gerader Herzlinie auch noch sehr vorsichtig und zurückhaltend. Sie haben Angst vor einer Enttäuschung oder davor, abgewiesen zu werden. Auch das ist schade, denn wenn man sie erst einmal näher kennen gelernt hat, merkt man schnell, dass sie sehr zuverlässige und treue Menschen sind, die im Leben meistens viel Erfolg haben.

Neben den schon gezeigten, findest du natürlich noch eine Vielzahl weiterer Arten von Herzlinien.

Die Herzlinie verläuft quer über die Handfläche

Diese Herzlinie sehr kurz

Die kurze Herzlinie

Eine kurze Herzlinie, also eine, die von der Handaußenseite bis etwa in die Handmitte reicht, wirst du ziemlich häufig finden. Die Hexen des Mittelalters nannten sie übrigens die „Flüchtigkeit". Menschen mit einer solchen Herzlinie sind fast immer sehr mit sich selbst beschäftigt und interessieren sich nicht besonders für die Wünsche ihrer Mitmenschen. Obwohl sie nette und fröhliche Menschen sind, fällt es ihnen schwer, wirklich treu zu sein. Damit verscherzen sie sich viele Sympathien. Meistens merken sie das gar nicht mal, sondern machen munter so weiter wie bisher. Wenn du auf einen Menschen mit dieser Herzlinie triffst, solltest du also ein wenig vorsichtig sein und lieber erst mal auf dem Beobachterposten bleiben!

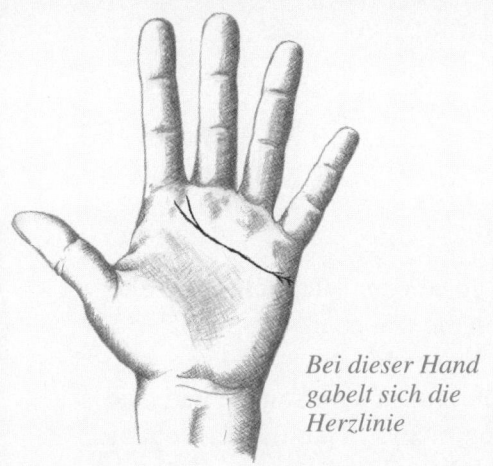

Bei dieser Hand gabelt sich die Herzlinie

Die quer verlaufende Herzlinie

Menschen mit einer quer über fast die ganze Handfläche laufenden Herzlinie sind meistens sehr erfolgreich im Leben, denn sie setzen ihre ganze Energie für die Arbeit oder die Ausbildung ein. Sie können sehr gut organisieren. Wenn jemand immer die besten Partys macht, dann kannst du fast sicher sein, dass dieser Mensch eine solche Herzlinie hat. Diese Menschen sind sehr strebsam, aber auf keinen Fall langweilig oder echte Streber! Wenn sie einmal eine Beschäftigung gefunden haben (das kann übrigens auch ein Hobby sein), dann wenden sie eigentlich ihre ganze Zeit dafür auf. Dafür haben sie auch in kürzester Zeit Erfolg mit allem, was sie tun. Nur wenn es um Gefühle und Liebe geht, machen sie ganz oft eine echte Bauchlandung. Sie haben einfach zu wenig Zeit für den Freund oder die Freundin, und das kann auf Dauer natürlich nicht gut gehen. Zum Glück können diese Menschen aber auch gut zuhören, und wenn man ihnen einmal den „Kopf wäscht", verstehen sie, was los ist und sind bereit, ihr Leben zu ändern!

Die gegabelte Herzlinie

Menschen mit einer gegabelten Herzlinie sind echte „Glückskinder", denn die Gabelung am Ende der Linie bedeutet, dass sie sowohl ihren Verstand als auch ihre Gefühle sehr gut steuern können und beides unter einen Hut bekommen. Am häufigsten stößt man auf zweiteilige Gabelungen, es gibt aber auch dreiteilige. Menschen mit einer solchen Herzlinie sind meistens sehr verschmust, sie lieben romantische Treffen bei Kerzenschein und schöner Musik. Obendrein sind sie sehr treu, manchmal allerdings auch ein wenig zu eifersüchtig. Sie können lange und gute Gespräche führen, und weil sie sehr einfühlsam sind, haben sie eigentlich auch immer eine gute Idee, wie ein schwieriges Problem gelöst werden kann.

Neben der Form der Herzlinie ist es auch wichtig, wo auf der Hand sie endet.

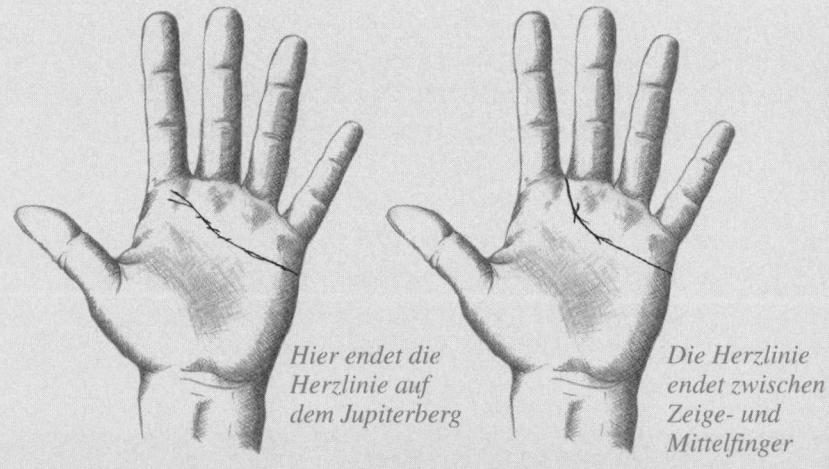

Hier endet die Herzlinie auf dem Jupiterberg

Die Herzlinie endet zwischen Zeige- und Mittelfinger

Die Herzlinie endet auf dem Jupiterberg

Menschen, bei denen die Herzlinie auf dem Jupiterberg endet, sind sehr emotional und verlieben sich schnell. Sind sie einmal verliebt, kann sie nichts mehr davon abbringen, und sie schwelgen am liebsten stundenlang in romantischen Gefühlen. Dummerweise sind diese Menschen aber auch sehr verletzlich, so dass sie sich bereits bei der kleinsten Enttäuschung beleidigt zurückziehen.

Die Herzlinie endet zwischen Zeige- und Mittelfinger

Menschen, bei denen die Herzlinie genau zwischen Zeige- und Mittelfinger endet, sind ebenfalls sehr emotional. Manchmal werden sie auch geneckt, weil sie „nah am Wasser gebaut" haben, also in bewegenden Situationen schnell anfangen zu weinen. Sie sind sehr warmherzig und haben viel Spaß daran, anderen Menschen Geschenke zu machen. Trotzdem sind sie eher zurückhaltend und würden sich selbst niemals ins Rampenlicht stellen.

Die Herzlinie endet unter dem Zeigefinger

Diese Herzli... endet unter ... Mittelfinger

Die Herzlinie endet direkt unter dem Zeigefinger

Sehr ähnlich ist es bei den Menschen, deren Herzlinie genau unter dem Zeigefinger endet. Sie sind treu, anhänglich und könnten (selbst wenn sie wollten) niemandem etwas zu Leide tun. Sie lieben die Harmonie und gehen einem Streit Kilometer weit aus dem Weg. Kuschelige Stunden zu zweit vor dem Fernseher ziehen sie wilden Partys vor. Sie sind zwar keine Stubenhocker, brauchen aber manchmal einen kleinen „Schubs" um in Bewegung zu kommen und etwas zu unternehmen.

Die Herzlinie endet am Mittelfinger

Menschen, bei denen die Herzlinie direkt unter dem Mittelfinger endet, haben häufig Probleme damit, ihre Gefühle zu zeigen. Wenn sie das nicht in jungen Jahren erlernen, werden sie es später sehr schwer haben, echte Liebe zu empfinden. Sie sind zwar sehr pflichtbewusst, aber nie so richtig „mit dem Herzen dabei", sondern meist sehr distanziert.

Die Kopflinie

Die Kopflinie steht tatsächlich für den Kopf, beziehungsweise für die Art und Weise, wie ein Mensch mit ihm umgeht. Gemeint ist damit, wie er grundsätzlich denkt, welche Dinge ihn in seinem Leben interessieren und wie schlau er die Hindernisse im Leben meistert. Du kannst sehen, ob er kreativ und einfallsreich ist. Was die Kopflinie hingegen nicht zeigen kann, ist, wie intelligent ein Mensch ist.
Wie bei den anderen Linien, zeigen die verschiedenen Formen der Kopflinie sehr viele unterschiedliche Einzelheiten über einen Menschen.

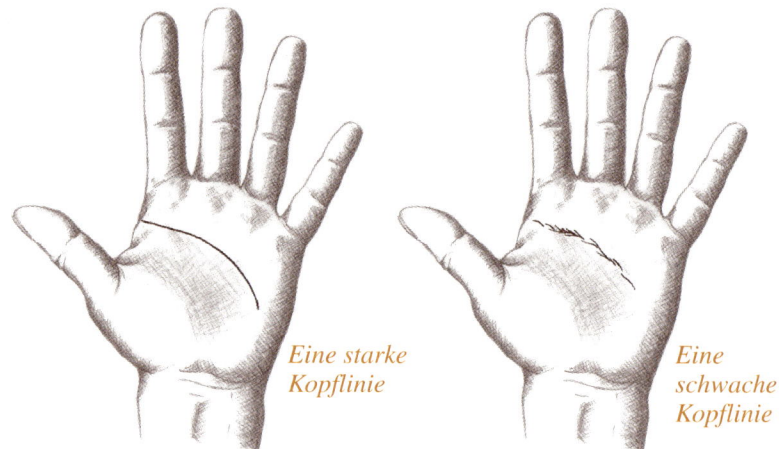

Eine starke Kopflinie

Eine schwache Kopflinie

Die starke Kopflinie

Ist die Kopflinie sehr stark ausgeprägt, gehört sie einem Menschen, der sehr klar und logisch denken kann. Wie gesagt, das alleine hat mit Intelligenz noch nichts zu tun. Solche Menschen haben fast immer viel Erfolg im Leben, denn sie analysieren Probleme und gehen sehr vernünftig an ihre Lösung heran. So weit ist das zwar alles recht positiv, zu viel Logik und Vernunft können aber auch hinderlich sein, wenn man sie nicht im richtigen Moment abschalten kann. Viele Menschen mit einer starken Kopflinie haben deshalb auch Probleme, jemanden kennen zu lernen, weil sie zu viel und zu lange überlegen, ob sie z.B. einen bestimmten Jungen oder ein Mädchen ansprechen sollen oder lieber nicht.

Die schwache Kopflinie

Menschen mit einer schwachen Kopflinie sind nicht dümmer als die mit einer starken, sie haben nur manchmal ein bisschen Probleme damit, sich auf etwas wirklich zu konzentrieren. Das ist zwar manchmal ein Nachteil, dafür sind sie aber z.B. sehr viel spontaner als die Menschen mit der starken Kopflinie. Schwierig kann es für diese Menschen werden, wenn sie Probleme lösen oder Entscheidungen treffen müssen. Sie verlassen sich dabei mehr auf ihre Gefühle als auf ihren Verstand, was grundsätzlich ja auch gar nicht schlecht ist. Ein bisschen mehr Logik kann ihnen aber helfen, nicht so oft Niederlagen erleben zu müssen. Menschen mit einer schwachen Kopflinie träumen gerne vor sich hin, sie sind sehr romantisch, verlieren aber manchmal den Blick für die Realität.

Die Länge der Kopflinie verrät weitere Einzelheiten über einen Menschen.

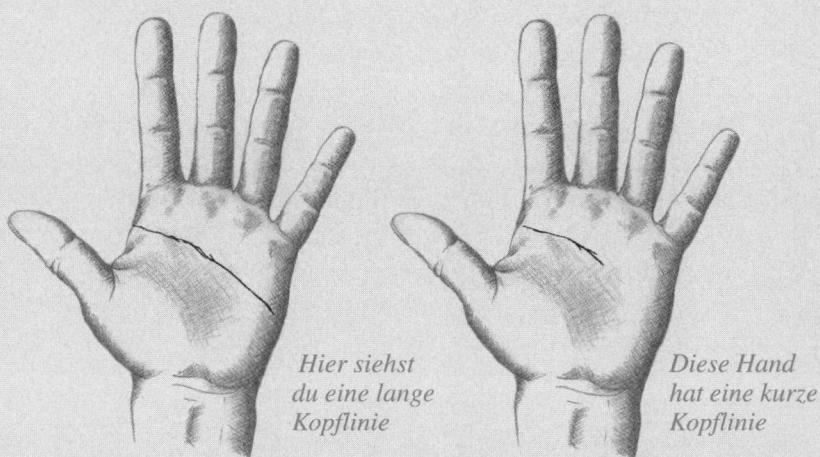

Hier siehst du eine lange Kopflinie

Diese Hand hat eine kurze Kopflinie

Die lange Kopflinie

Wenn die Kopflinie bei einem Menschen lang ist, also über die ganze Handfläche verläuft, ist dieser Mensch kompromissbereit und kann besonders gut mit anderen Menschen umgehen. Er ist ein guter Zuhörer, der die Probleme anderer Menschen nachfühlen kann. Menschen mit einer langen Kopflinie sind meistens auch sehr neugierig und wollen alles erforschen. Wenn sie das nicht schaffen, sind sie schnell frustriert. Sehr auffällig ist, dass fast alle Menschen mit langer Kopflinie mehr als nur ein Hobby haben und spannende Bücher lieben. Sie sind obendrein treu, allerdings nicht besonders romantisch. Ihnen fehlt manchmal das kleine bisschen „Frechheit" und Mut, jemanden anzusprechen. Wenn der Kontakt aber erst mal hergestellt ist, sind sie sehr anhänglich und verschmust.

Die kurze Kopflinie

Menschen mit einer kurzen Kopflinie sind eher praktisch begabt und langweilen sich schnell, wenn sie Lehrbücher lesen müssen. Sie wollen am liebsten immer sofort anpacken und sehen gerne, wenn etwas unter ihren Händen entsteht. Sie sind sehr wissbegierig, und wenn sie sich einmal mit einer Sache längere Zeit beschäftigt haben, werden sie darin echte Fachleute, denen niemand etwas vormachen kann.

Menschen mit kurzer Kopflinie sind häufig etwas schüchtern und machen deshalb manchmal ziemlich ungeschickte Versuche, jemanden kennen zu lernen. Sie brauchen ziemlich lange, bis sie sich verlieben. Wenn sie es aber einmal getan haben, bleibt dieses Gefühl auch lange erhalten. Wenn sie sich irgendwann wieder „entlieben" bleiben sie meistens ziemlich lange alleine und machen ihren Kummer mit sich selber aus.

Auch bei der Kopflinie gibt es verschiedene Formen, und natürlich haben auch sie wieder eine jeweils andere Bedeutung.

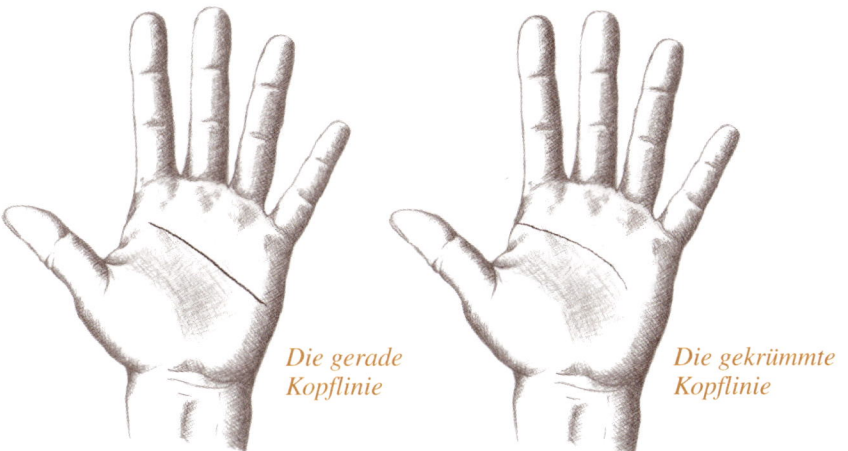

Die gerade Kopflinie

Die gekrümmte Kopflinie

Die steile Kopflinie

Die gerade Kopflinie

Wenn ein Mensch eine sehr gerade Kopflinie hat, bedeutet das, dass auch seine Art zu denken geradlinig ist. Solche Menschen können gut logisch denken, verzwickte Mathematikaufgaben sind für sie meist ein Kinderspiel. Wenn es darum geht, jemanden kennen zu lernen, denken Menschen mit gerader Kopflinie sehr genau nach, bevor sie den ersten Schritt machen. Ist die gerade Kopflinie obendrein auch noch sehr lang, dann verstärkt das diese Eigenschaften.

Die gekrümmte Kopflinie

Hat ein Mensch eine gekrümmte Kopflinie, denkt er weniger logisch, er kann dafür aber „um die Ecke denken", also Probleme auf ungewöhnlichem Weg lösen. Menschen mit einer solchen Kopflinie sind praktisch begabt und fast immer sehr kreativ. Sie können gut zeichnen und malen. Meistens haben sie sogar noch ein ausgeprägtes Talent für Fremdsprachen. Ihre größte Stärke ist aber ihre Fähigkeit, mit anderen Menschen umzugehen. Dabei sind sie sehr charmant, können tolle Komplimente machen und haben immer ein offenes Ohr für die Probleme ihrer Freunde.

Die steile Kopflinie

Menschen mit einer steilen Kopflinie sind die geborenen Künstler und haben ausgesprochen viel Fantasie. Sie können wunderbare Geschichten erzählen, allerdings sind sie manchmal nicht besonders gut im Zuhören. Menschen mit dieser Kopflinie fällt es sehr leicht, jemanden kennen zu lernen. Sie verlieben sich schnell, sind aber trotzdem sehr treu. Eine kleine Schwäche ist ihre Eifersucht. Wenn sie allerdings sehen, dass sie sich auf ihren Freund oder ihre Freundin wirklich verlassen können, verschwindet die Eifersucht fast völlig. Bei manchen dieser Menschen läuft die steile Kopflinie direkt in den Mondberg, und genau hier wird's manchmal gefährlich. Das bedeutet nämlich, dass ein Mensch dazu neigt, sich Dinge einzubilden und in einer Traumwelt zu leben. Dabei kann schnell der Blick für die Realität verloren gehen, und natürlich gehen damit auch viele Freundschaften kaputt.

Neben den Formen der Kopflinie, die ich dir gerade gezeigt habe, gibt es noch zwei weitere, die zwar nicht so häufig vorkommen, dafür aber sehr interessant sind.

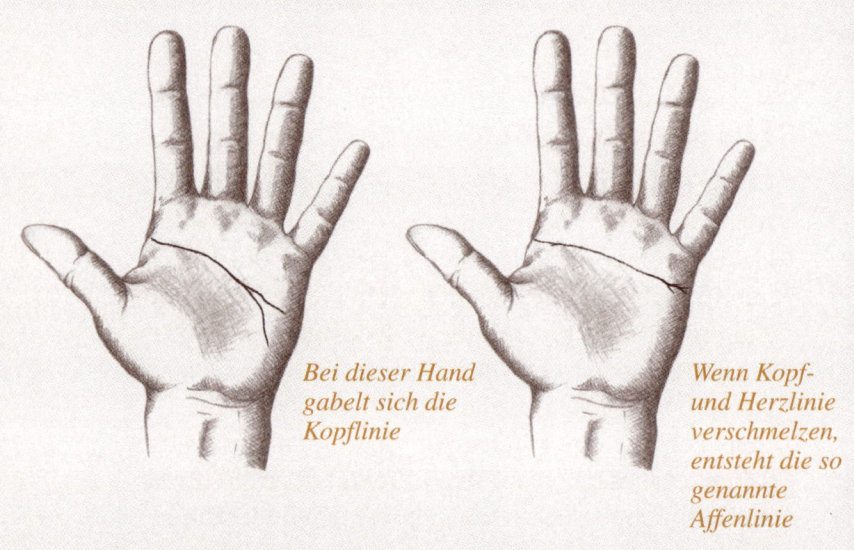

Bei dieser Hand gabelt sich die Kopflinie

Wenn Kopf- und Herzlinie verschmelzen, entsteht die so genannte Affenlinie

Die gegabelte Kopflinie

Die gegabelte Kopflinie ist wirklich nicht oft zu finden. Sie teilt sich unter dem Apolloberg (siehe Kapitel VI) wie eine Gabel mit zwei Zinken. Menschen mit dieser Kopflinie sind ganz besonders kreativ, sie können ausgesprochen gut schreiben, zeichnen und malen. Solche Menschen werden fast immer Künstler, auch bei Musikern findet man diese Gabelung häufig. Gerade weil sie aber so viel Kreativität haben, neigen sie dazu, manchmal nicht besonders umgänglich zu sein. Das liegt daran, dass sie mit ihren vielen verschiedenen Talenten selbst nicht richtig zurecht kommen. Deshalb suchen sie auch meistens einen anderen Menschen mit starker Persönlichkeit, der ihnen zeigen kann, welchen Weg sie gehen sollen.

Die Affenlinie

Die Affenlinie hat ihren Namen tatsächlich von den Affen, und zwar von den großen Menschenaffen wie den Orang Utans und den Gorillas. In ihren Händen taucht sie häufig auf, bei Menschen ist sie allerdings sehr selten und galt im Mittelalter als das Zeichen für Hellsichtigkeit, also für die Fähigkeit, in die Zukunft sehen zu können. Die Affenlinie ergibt sich aus dem Zusammenwachsen der Kopf- und der Herzlinie. Beide bilden also eine einzige Linie, die quer über die ganze Handfläche verläuft. Ich selbst habe übrigens noch nie eine solche Linie bei einem Menschen gesehen, sie ist einfach zu selten. Menschen mit der Affenlinie haben die Gabe, ihre Gefühle und ihren Verstand sehr gut in Einklang zu bringen, was ja nur die wenigsten Menschen wirklich können. Sie sind deshalb besonders warmherzig, zugleich aber auch intelligent und immer bereit, für ihre Freunde „das letzte Hemd" zu geben. Bei manchen Menschen mit der Affenlinie ist es leider genau umgekehrt: Sie sind zwar im Grunde auch sehr warmherzige und offene Menschen, werden aber durch schlimme Erlebnisse verschlossen und sehr egoistisch!

Die Lebenslinie

Die Lebenslinie ist für die meisten Menschen am interessantesten – natürlich auch wegen des alten Irrglaubens, man könne an ihr die Länge des Lebens ablesen. Du weißt ja, dass das völliger Unsinn ist! Die Lebenslinie zeigt nicht die Lebenslänge, sondern das, was im Leben eines Menschen bisher passiert ist und welche Tendenzen und Richtungen es für die Zukunft gibt.

Je nachdem, wie die Lebenslinie ausgeprägt ist, hat das sehr unterschiedliche Bedeutungen.

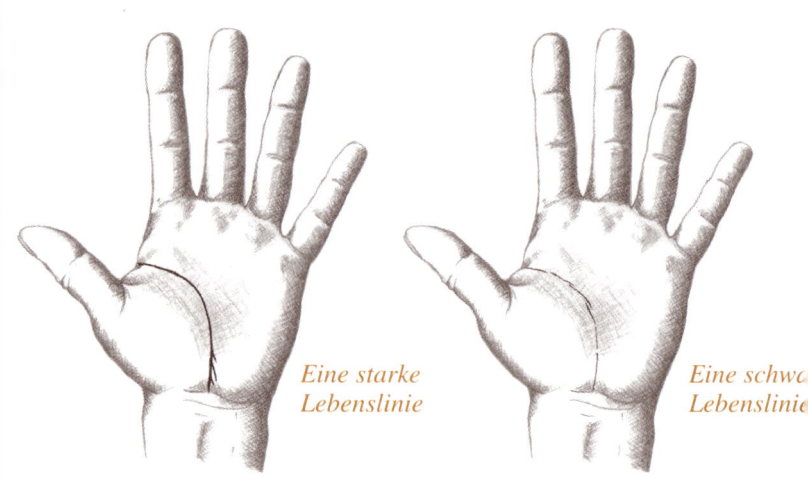

Eine starke Lebenslinie

Eine schwache Lebenslinie

Die starke Lebenslinie

Eine starke Lebenslinie bedeutet, dass dieser Mensch gesundheitlich ziemlich robust ist, er bekommt zum Beispiel nicht besonders schnell eine Grippe. Wenn er sich aber doch einmal etwas „einfängt", dann übersteht er die Krankheit gut und wird sehr schnell wieder gesund. Menschen mit einer starken Lebenslinie sind meistens sehr aktiv und sportlich, sie sind gute Fußballer oder Leichtathleten. Sie bewegen sich gerne, haben viel Körpergefühl und achten auch auf ihren Körper. Sie haben sehr viel Lebensenergie und zeigen ihre Lebensfreude gerne. Deshalb sind sie auch allem Schönen und Angenehmen im Leben gegenüber sehr aufgeschlossen. Sie verlieben sich schnell, haben aber manchmal Probleme, wirklich treu zu sein. Bei manchen Menschen ist die Lebenslinie sehr viel deutlicher zu sehen als die anderen Linien. Solche Menschen sind sehr körperorientiert, treiben extrem viel Sport und langweilen sich schnell, wenn sie z.B. ein Buch lesen sollen. Viel Sport ist zwar ganz bestimmt sehr gesund, ein paar andere Interessen sind aber auch nötig, denn sonst fällt es diesen Menschen sehr schwer, jemanden kennen zu lernen.

Die schwache Lebenslinie

Menschen mit einer schwachen Lebenslinie sind nicht ganz so robust und werden deshalb auch öfter einmal krank. Wenn die Lebenslinie dazu auch noch Unterbrechungen zeigt, ist dieser Mensch wirklich ein empfindliches „Pflänzchen", das sehr gut auf sich aufpassen sollte. Ist die Lebenslinie auch noch besonders dünn und nur sehr schlecht zu erkennen, ist dieser Mensch eher ein Kopf- als ein Körpermensch. Er interessiert sich nicht besonders für Sport, sondern liest lieber ein gutes Buch oder verbringt entspannte Stunden vor dem Fernseher. Solche Menschen haben einen ausgeprägten Sinn für Gemütlichkeit, sie kochen und essen gerne und am liebsten tun sie das im Kreis ihrer Freunde. In der Liebe sind Menschen mit einer schwachen Lebenslinie eher zurückhaltend. Sie warten, bis jemand auf sie zukommt und machen selten den ersten Schritt. Sie sind zwar gar nicht so schüchtern, wie es manchmal scheint, aber sie haben sehr viel Angst vor Enttäuschungen – besonders wenn sie schon mal eine erlebt haben.

Die Form der Lebenslinie gibt dir sehr gute Hinweise darauf, wie ein Mensch sein Leben nach außen hin führt.

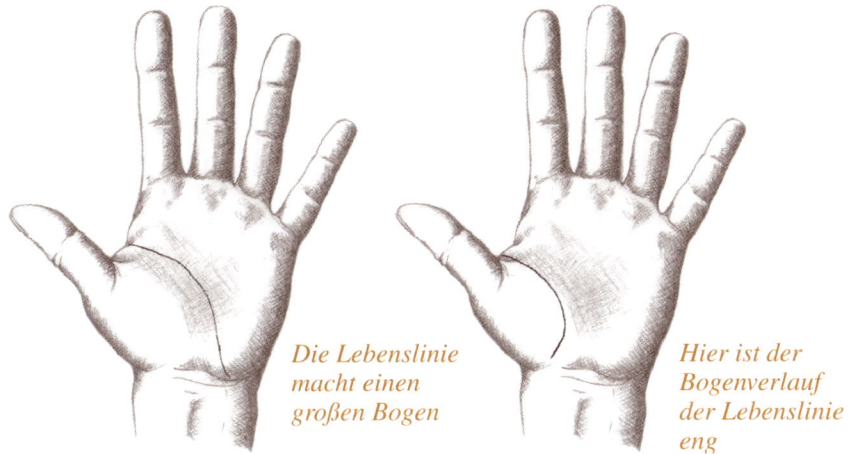

Die Lebenslinie macht einen großen Bogen

Hier ist der Bogenverlauf der Lebenslinie eng

Die enge Lebenslinie

Eine enge Lebenslinie, die ganz nah am Daumenballen entlang verläuft, bedeutet, dass dieser Mensch nicht besonders gut mit anderen Menschen zurechtkommt. Häufig sind diese Menschen ein bisschen einzelgängerisch und bleiben lieber alleine. Deshalb haben sie meistens auch nicht besonders viele Freunde. Die wenigen, die sie haben, sind dafür wirklich gute Freunde. Menschen mit dieser Lebenslinie machen fast nie Geschenke, aber nicht weil sie geizig wären, sondern weil sie einfach nicht so intensiv über die Wünsche anderer Menschen nachdenken. Wenn du zum Beispiel nie Blumen oder ein anderes kleines Geschenk von deinem Freund bekommst, wird er wahrscheinlich eine solche enge Lebenslinie haben. Die enge Lebenslinie macht es auch ziemlich schwer neue Kontakte zu knüpfen. Das ist schade, denn die Menschen mit dieser Lebenslinie sind sehr treu und zärtlich – allerdings erst, wenn sie einmal „aufgetaut" sind.

Die weite Lebenslinie

Die weite Lebenslinie läuft in einem großen Bogen über die Hand und ist ziemlich weit vom Daumenballen entfernt. Sie besagt, dass dieser Mensch sehr aufgeschlossen ist und schnell auf andere Menschen zugehen kann. Solche Menschen knüpfen leicht neue Kontakte und Freundschaften, bis sie sich aber wirklich einmal verlieben, dauert es erstaunlich lange! Sie feiern gerne und laden dabei immer möglichst viele Freunde ein, weil es ihnen Spaß macht, es sich gut gehen zu lassen. Das kann aber natürlich auch schnell zu viel des Guten werden. Wenn die Lebenslinie bis zur Handmitte läuft, dann kann dieser Mensch oberflächlich werden und keine echten und tiefen Freundschaften mehr pflegen.

Auch die Länge der Lebenslinie hat ihre eigene Bedeutung, wie du weißt, hat sie aber nichts mit der Länge des Lebens zu tun!

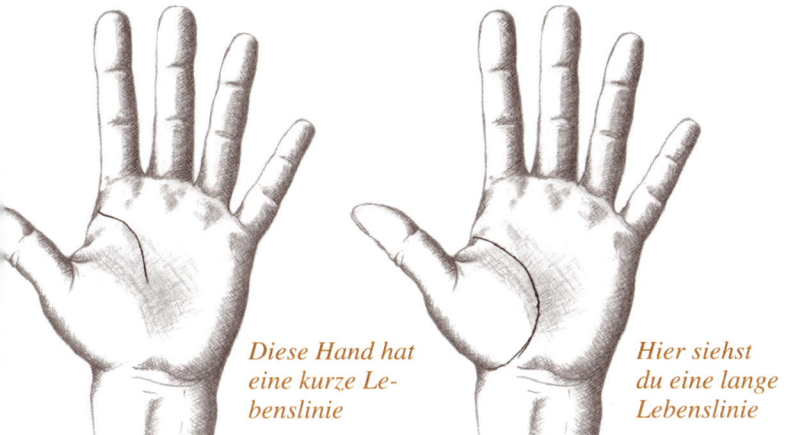

Diese Hand hat eine kurze Lebenslinie

Hier siehst du eine lange Lebenslinie

Die lange Lebenslinie

Obwohl unsere Hexenkolleginnen bereits im Mittelalter den Menschen erklärten, dass eine lange Lebenslinie kein langes Leben bedeutet, glauben viele Menschen auch heute noch das Gegenteil. Menschen mit einer langen Lebenslinie sind einfach nur ein wenig robuster als andere Menschen und können große Belastungen besser wegstecken. Sie zeigen auch sehr viel Ausdauer bei der Lösung von Problemen und lassen sich nicht so schnell unterkriegen, wenn es einmal stressig wird. In der Liebe sind sie sehr beständig, sie brauchen allerdings manchmal einen kleinen „Schubs", bevor sie auf jemanden zugehen und ihn ansprechen.

Die kurze Lebenslinie

Ganz kurze Lebenslinien gibt es eigentlich gar nicht, meist werden sie nur ab der Handmitte sehr viel dünner und verästeln sich. Jede dieser Verästelungen bedeutet eine Veränderung im Leben. Sehr selten verbinden sich die feinen Verästelungen der Lebenslinie auch mit denen der Schicksalslinie, was ein wichtiges Ereignis ankündigt. Das kann z.B. ein Umzug sein oder das Kennenlernen der wirklich großen Liebe.

Aber auch ein paar weitere Arten der Lebenslinie verraten dir viel über einen Menschen.

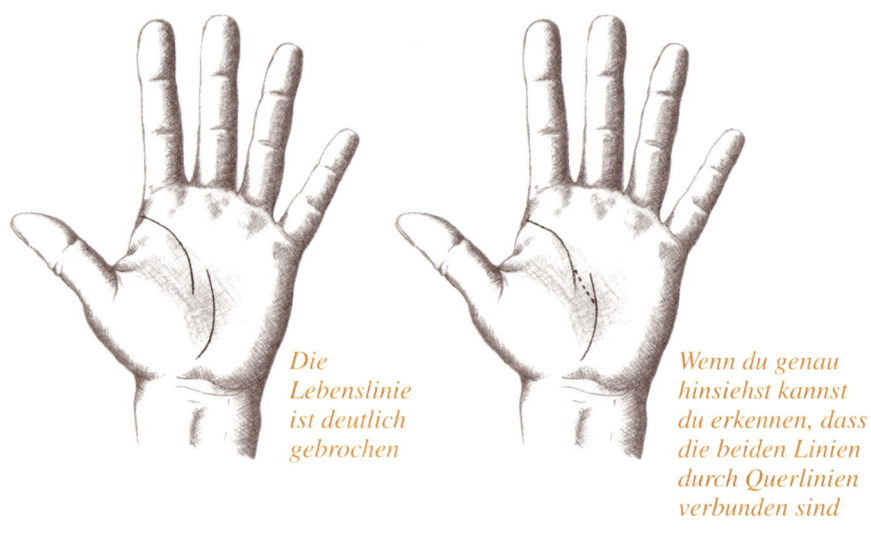

Die Lebenslinie ist deutlich gebrochen

Wenn du genau hinsiehst kannst du erkennen, dass die beiden Linien durch Querlinien verbunden sind

Die gebrochene Lebenslinie

Wenn die Lebenslinie nicht durchgehend verläuft, sondern in kleinen Bruchstücken, bedeutet das zuerst einmal, dass die Lebensfreude und -energie dieses Menschen unterbrochen wird. Das allerdings ist nicht unbedingt etwas Negatives, denn es kommt darauf an, wie diese Unterbrechungen aussehen. Wenn sie sich nicht berühren oder überlappen, sieht die Lebenslinie wie eine gestrichelte Linie aus und weist auf schlechte Erlebnisse hin. Solche Erlebnisse können eine große Enttäuschung in der Liebe oder auch der Tod eines nahe stehenden Menschen sein. Wenn sich die Unterbrechungen aber überlappen, bedeutet das etwas Gutes! Ein Mensch mit einer solchen Lebenslinie denkt viel über sein Leben nach und versucht eigentlich ständig, das Beste daraus zu machen und Fehler zu vermeiden. Je mehr der Unterbrechungen sich überlappen, desto besser gelingt das dann auch.

Die Schicksalslinie

Die Schicksalslinie verrät dir sehr viele unterschiedliche Dinge über einen Menschen – zum Beispiel, wie er mit seinen Begabungen und Talenten umgeht, und wie bewusst er sein Leben führt. Lass dich niemals davon durcheinander bringen, dass die Schicksalslinien bei fast allen Menschen sehr unterschiedlich aussehen können und gar nicht immer so einfach zu finden sind. Nur ganz wenigen Menschen fehlt tatsächlich eine Schicksalslinie, bei den meisten Menschen ist sie ziemlich verästelt oder unterbrochen.

Die starke Schicksalslinie

Wenn ein Mensch eine starke Schicksalslinie hat, weiß dieser Mensch genau, was er will. Solche Menschen sind sich bereits in der Schule sicher, welchen Beruf sie später einmal ausüben wollen und fast immer trifft dies dann auch zu. Sie sind sehr zielstrebig und überlassen eigentlich nichts dem Zufall. Dabei schaffen sie es sogar, ihre Schüchternheit zu überwinden, wenn sie sich fest vorgenommen haben, ein bestimmtes Mädchen oder einen Jungen anzusprechen. Haben sie sich einmal verliebt, können sie dieses Gefühl sehr lange aufrecht erhalten und sind dabei absolut treu. Gerade ihre Zielstrebigkeit lässt sie aber auf den ersten Blick ein bisschen unsympathisch und fast schon arrogant erscheinen. Das ist allerdings ein Irrtum. Es wirkt einfach nur so, weil sie eben besser als andere wissen, was richtig für sie ist.

Die schwache Schicksalslinie

Menschen mit einer schwachen Schicksalslinie gehen meistens ein bisschen ziellos durchs Leben. Sie wissen oft nicht so genau, für was sie sich eigentlich entscheiden sollen und lassen die Dinge lieber auf sich zukommen. Deshalb wirken sie manchmal auch ein wenig desinteressiert, was allerdings nicht stimmt. Sie brauchen einfach ein bisschen Motivation, denn sobald sie einmal etwas anfangen und auch ein Erfolgserlebnis haben, trauen sie sich auch mehr zu und sind motivierter. Sie haben allerdings ein Problem, das sie leider nie so richtig loswerden können: Sie wissen häufig nicht, ob sie verliebt sind oder nicht. Das kann für den Gegenüber sehr schwierig werden, schließlich will ja niemand mit einem Menschen zusammen sein, der nicht so genau weiß, ob er einen mag oder nicht.

Bei der Schicksalslinie ist es wichtiger als bei allen anderen Linien, wo sie beginnt und wieder aufhört.

Die starke Schicksalslinie *Die schwache Schicksalslinie*

Die Schicksalslinie beginnt auf der Lebenslinie

Menschen, bei denen die Schicksalslinie auf der Lebenslinie beginnt, sind sehr gesellig und verstehen sich meistens auch gut mit ihren Eltern und Geschwistern. Häufig kommen sie aus größeren Familien und haben dort den harmonischen Umgang mit anderen Menschen schon als Kind gelernt. Diese Menschen können Streit und Missgunst überhaupt nicht ausstehen, sie sind ehrlich und sehr zuverlässig. Weil die Familie für sie sehr wichtig ist, wollen sie später selbst eine Familie gründen. Deshalb suchen sie sich auch nur Partner aus, die diese Wünsche teilen.

Die Schicksalslinie beginnt am Handgelenk und endet am Mittelfinger

Menschen mit einer solchen Schicksalslinie haben sehr genaue Vorstellungen von ihrem Leben und wollen es am liebsten in ganz geregelten Bahnen leben. Sie mögen keine Experimente und verlieben sich deshalb auch nicht oft. Wenn es aber geschieht, dann richtig. Sie sind zuverlässig und ehrlich und erwarten das auch von ihren Freunden. Obwohl sie Fehler verzeihen können, haben sie nicht viel Geduld mit anderen Menschen. Wenn jemand ein paar Mal zu oft über die Stränge schlägt, beenden sie die Freundschaft oder sind zumindest für längere Zeit ziemlich beleidigt.

Die beiden letzten Formen der Schicksalslinie zeige ich dir deshalb, weil sie ziemlich häufig vorkommen, aber trotzdem oft übersehen werden.

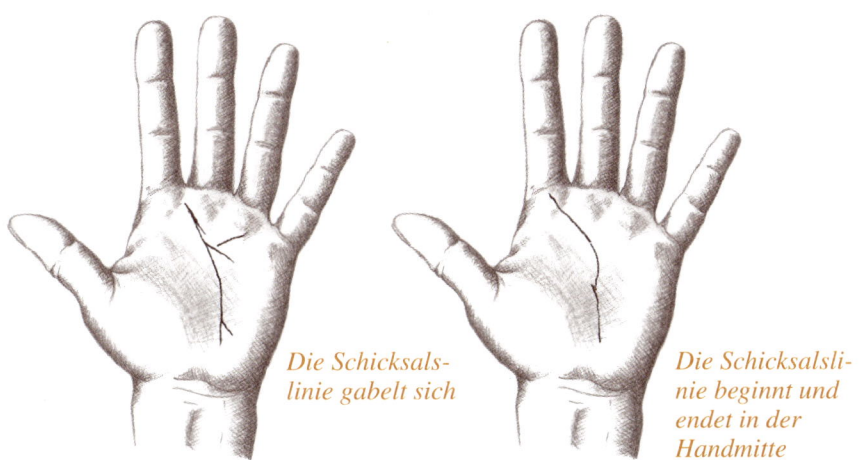

Die Schicksalslinie gabelt sich

Die Schicksalslinie beginnt und endet in der Handmitte

Die Schicksalslinie mit Gabelungen

Gabelungen in der Schicksalslinie können sehr unterschiedliche Bedeutungen haben. Gabelt sich die Schicksalslinie und endet dann auf dem Apolloberg, wird dieser Mensch mit ziemlicher Sicherheit sehr erfolgreich werden. Das wird allerdings nur dann eintreten, wenn dieser Mensch auch eine gerade und lange Kopflinie hat. Dasselbe gilt übrigens, wenn die Gabelung der Schicksalslinie am Merkur oder am Jupiterberg endet.

Die Schicksalslinie in der Handmitte

Sehr häufig beginnt und endet die Schicksalslinie in der Mitte der Handfläche, sie ist also ziemlich kurz. Menschen mit einer solchen Schicksalslinie sind manchmal ein wenig ziellos. Sie lassen sich treiben, fangen viele Sachen an und bringen sie nicht zu Ende. Darüber sind sie selbst meistens sehr unglücklich, und auch mit den Eltern oder Freunden gibt es deshalb oft Ärger. Wenn du einem solchen Menschen aus der Hand liest, kannst du ihn aber beruhigen. Diese kurze Schicksalslinie in der Handmitte bedeutet nämlich, dass es einfach noch eine gewisse Zeit dauert, bis dieser Mensch weiß, was er wirklich will.

Und jetzt: eine Übung für dich!

Du hast nun so viel über die Bedeutung der Handformen und -linien gelesen, dass dir wahrscheinlich der Kopf schwirrt. Glaub mir, als ich vor vielen Jahren mit dem Handlesen begonnen habe und über den alten Lehrbüchern meiner Großmutter saß, ging es mir genauso wie dir jetzt.

Aber was soll's – eine gute Hexe muss da eben durch, schließlich willst du ja später perfekt in der Hand lesen können. Damit das auch wirklich klappt, solltest du für deine Übungen nicht gleich deine eigene Hand oder die einer Freundin lesen. Ich verspreche dir, dass das schief geht und du die Linien nicht richtig erkennen oder deuten kannst.

Deshalb habe ich dir hier auch eine Übungshand aufgezeichnet. Es ist übrigens genau die, an der ich im Buch meiner Großmutter meine ersten Übungen gemacht habe. Lies also einfach der Reihe nach die vier Hauptlinien und schreibe dir auf, welche Bedeutung du erkennst. Stell dir einfach vor, du würdest in einer echten Hand lesen, und zwar in der eines völlig fremden Menschen, von dem du eigentlich nichts weißt. Aber gut – damit es persönlicher wird, sagen wir einfach einmal, dass diese Hand einem Mädchen gehört, das Yvonne heißt.

So – und nun an die Arbeit! Übrigens, wenn du mit dem Handlesen fertig bist, findest du auf Seite 124 die Auflösung der Hand und kannst sie mit deinen Ergebnissen vergleichen. Aber nicht schummeln!

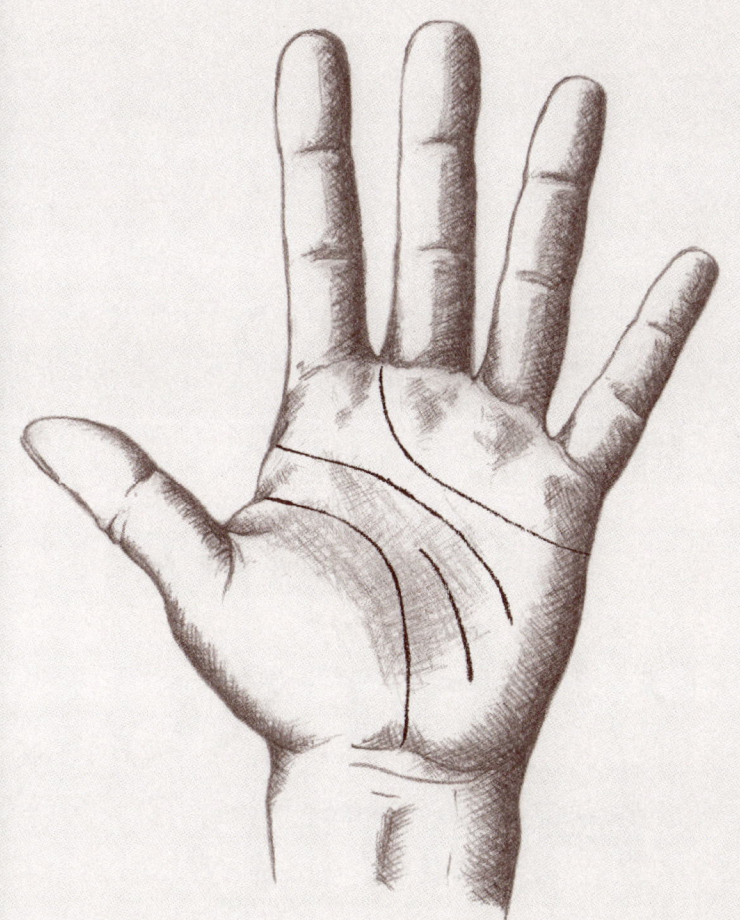

V

Die Linien in deiner Hand

VI

Genauso wichtig wie die Linien: die Berge der Hand

Die Berge in unseren Händen sind für das Handlesen genauso wichtig wie die Linien. Manche der Berge sind sehr einfach zu erkennen, andere wiederum sind etwas schwerer zu finden. Das liegt daran, dass jede Hand ein wenig anders aussieht und sich obendrein auch noch verändert, wenn man sie bewegt.

Und was kann ich in den Bergen lesen?

Die alten Hexen nannten die Berge auch „Feuertöpfe", was allerdings ein bisschen verwirrend ist. Sie meinten damit natürlich keine wirklich brennenden Feuer, sondern einfach die Energie des Feuers, die sich darin verbirgt. Und genauso ist es auch: In den Bergen unserer Hände „wohnt" unsere Lebensenergie und Motivation. Die Berge verraten dir also schon auf den ersten Blick viel darüber, wie stark ein Mensch am Leben teilnimmt.

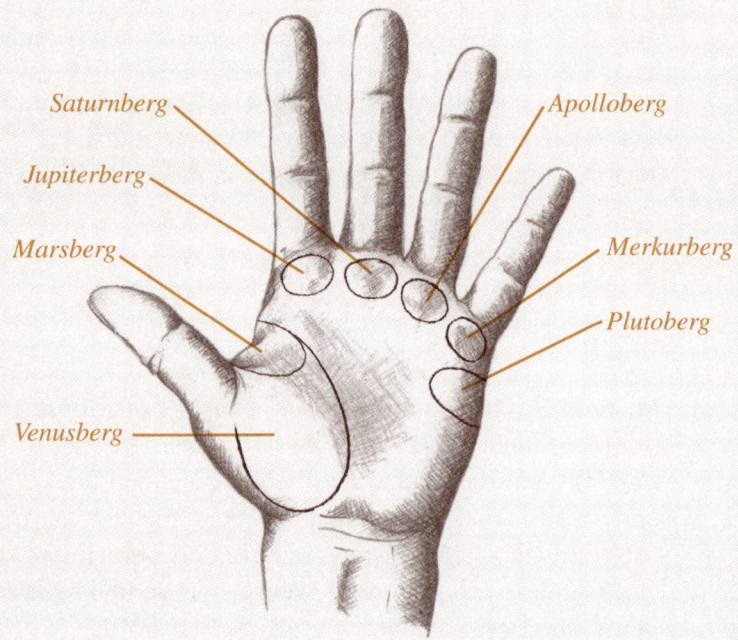

Jeder der Berge in unseren Händen hat zwar eine andere Bedeutung, für alle gilt aber eine einfache Regel: Je stärker ein Berg ist, desto größer ist auch seine Energie. Und natürlich gilt das auch umgekehrt – ein flacher und sehr kleiner Berg verfügt auch nur über wenig Energie.

Der Venusberg

Der größte und auffallendste Berg in der Hand ist der Venusberg, also der Daumenballen. Der Venusberg steht für die Lebensfreude, die Lebenskraft und die körperliche Liebe. Er zeigt aber auch, ob ein Mensch eher aktiv ist und gerne etwas unternimmt, oder ob er es lieber ruhig und gemütlich hat.

Der starke Venusberg

Wenn ein Mensch einen großen, kräftigen und auch sehr hohen Venusberg hat, ist er sehr aktiv und weiß was er im Leben erreichen möchte. Solche Menschen haben viel Selbstvertrauen und sind deshalb auch kontaktfreudig und haben keine Probleme damit, andere Menschen kennen zu lernen. Normalerweise findest du auf dem Venusberg eine Vielzahl kleiner Linien. Wenn sie fehlen, kann der Mensch sehr jähzornig sein und zu unüberlegten Taten neigen.

Der flache Venusberg

Ein eher kleiner und flacher Venusberg bedeutet, dass der Mensch eher anfällig für Krankheiten oder auch für Zweifel ist. Menschen mit einem flachen Venusberg sind oft schüchtern und unsicher, sie trauen sich nicht, andere Menschen anzusprechen und deshalb tun sie sich auch schwer damit, jemanden kennen zu lernen.

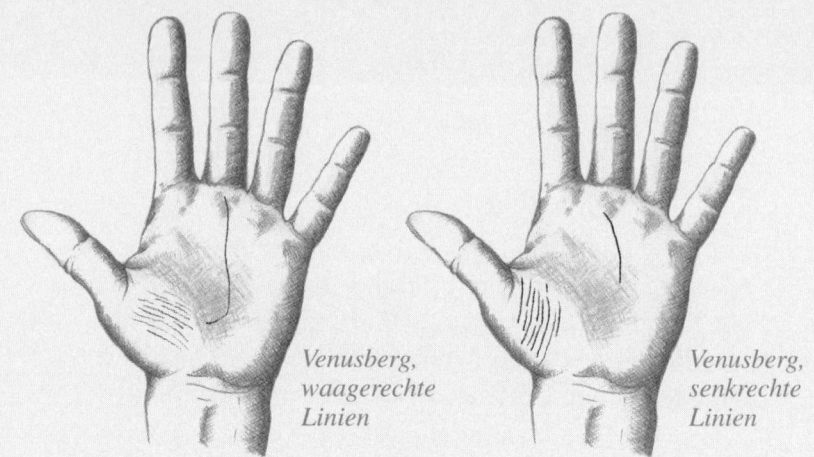

Venusberg, waagerechte Linien

Venusberg, senkrechte Linien

Die Linien des Venusberges

Sehr wichtig sind die Linien auf dem Venusberg, die sehr unterschiedlich sein können und natürlich auch unterschiedliche Bedeutungen haben.

Die waagerechten Linien

Waagerechte Linien auf dem Venusberg bedeuten, dass der Mensch sich traut, seine Gefühle auszuleben. Solche Gefühle können Liebe und Zuneigung sein, aber auch Freude und Wut. Menschen mit waagerechten Linien sind deshalb meistens ziemlich ausgeglichen und haben nur sehr selten wirklich schlechte Laune.

Die senkrechten Linien

Die senkrechten Linien bedeuten das Gegenteil der waagerechten. Dieser Mensch hat Hemmungen seine Gefühle anderen Menschen zu zeigen. Normalerweise hat jeder Mensch diese senkrechten Linien, denn so

Venusberg, Gitter

lange wir einen Menschen noch nicht wirklich gut kennen, werden wir ja auch zögern, ihm unsere tiefsten Gefühle zu offenbaren. Wichtig ist nun, dass du dir ansiehst, ob es mehr waagerechte oder mehr senkrechte Linien gibt, oder ob es etwa gleich viele von beiden sind. Sehr viele senkrechte Linien weisen natürlich auf sehr starke Hemmungen und meist große Schüchternheit hin. Wenn ein Mensch das erkennt, kann er aber daran arbeiten und seine Hemmungen überwinden.

Die Gitter

Wenn sich aus den waagerechten und den senkrechten Linien ein deutliches Gitter ergibt, ist jeder der Überschneidungspunkte ein so genannter „Hemmpunkt". Diese Punkte stehen also für eine bestimmte Hemmung oder Angst vor etwas. Wenn der Mensch an diesen Hemmungen arbeitet und sie überwindet, beginnen die Punkte langsam wieder zu verschwinden.

Der Marsberg

Der Marsberg ist nicht ganz so leicht zu finden wie der Venusberg. Er liegt oberhalb von ihm und unterhalb des Zeigefingers, und eigentlich kannst du ihn erst sehen, wenn du die Hand ausstreckst und den Daumen bewegst. Der Marsberg steht für die Willensstärke eines Menschen, also die Energie, die er einsetzen kann, um etwas Bestimmtes zu erreichen, wobei damit auch körperliche Dinge gemeint sind.

Der starke Marsberg

Ein starker Marsberg, den du auch bei einer nicht ausgestreckten Hand erkennen kannst, bedeutet Durchsetzungswillen und manchmal auch Aggression. Menschen mit einem solchen Marsberg lassen sich nichts gefallen, sie gehen Konflikten nicht aus dem Weg und haben deshalb auch häufiger Schwierigkeiten mit anderen Menschen. Wenn du einen solchen Marsberg erkannt hast, solltest du seinem Besitzer also zu etwas mehr Besonnenheit und Diplomatie raten.

Der flache Marsberg

Menschen mit einem flachen Marsberg sind sehr zurückhaltend und versuchen Konflikte und Diskussionen eher zu vermeiden. Sie sind harmoniebedürftig und leiden deshalb auch besonders stark, wenn es einmal Streit oder Missverständnisse gibt. Weil aber Auseinandersetzungen manchmal auch ganz positiv sein können, verpassen solche Menschen häufig die Gelegenheit für ein „reinigendes Gewitter".

Der fehlende Marsberg

Manche Menschen haben überhaupt keinen Marsberg, das ist allerdings ziemlich selten. Diese Menschen sind ebenfalls sehr harmoniebedürftig, jedoch haben sie mehr Selbstsicherheit und trauen sich, auch mal den Mund aufzumachen, wenn ihnen etwas nicht passt. Weil sie meistens auch noch viel Humor haben, können sie über die eigenen Missgeschicke lachen und machen sich aus der Schadenfreude anderer nicht viel.

Der Jupiterberg

Der Jupiterberg liegt genau unterhalb des Zeigefingers und steht für den Ehrgeiz eines Menschen. An ihm kannst du erkennen, ob jemand sehr gut in der Schule oder Ausbildung ist und ob er später versuchen wird, eine besonders gute Position im Beruf zu bekommen. Der Jupiterberg zeigt aber auch, ob einem Menschen Geld und gute Kleidung oder andere luxuriöse Dinge wichtig sind, und wie stark er versuchen wird, sie zu bekommen.

Der starke Jupiterberg

Menschen mit einem starken Jupiterberg wollen auf jeden Fall Karriere machen und können dafür unglaublich hart arbeiten. Es ist ihnen wichtig, Geld zu besitzen, und sie wollen auch, dass andere Menschen ihren Reichtum sehen. Das kann so weit gehen, dass diese Menschen richtige Angeber werden und deshalb von niemandem mehr so richtig gemocht werden.

Der flache Jupiterberg

Ein sehr flacher Jupiterberg bedeutet, dass ein Mensch zwar gerne mehr besitzen oder erreichen würde, es aber bisher nicht geklappt hat. Viele Menschen mit einem sehr flachen Jupiterberg sind deshalb enttäuscht und manchmal auch schlecht gelaunt. Sie geben anderen Menschen die Schuld, wenn etwas nicht funktioniert hat und machen sich damit natürlich keine Freunde. Das Dumme daran ist, dass diese Menschen früher oder später den gewünschten Erfolg bestimmt haben, sie müssen nur lange genug warten können. Wenn du einen solchen Jupiterberg erkennst, solltest du seinem Besitzer also zu etwas mehr Geduld raten, aber auch zu mehr Gerechtigkeit anderen Menschen gegenüber.

Der Jupiterberg am Mittelfinger

Bei manchen Menschen sitzt der Jupiterberg sehr nahe am Mittelfinger. Das kommt allerdings nicht besonders häufig vor. Diese Menschen sind pflichtbewusst und zuverlässig und wollen ebenfalls sehr viel im Leben erreichen. Dabei vernachlässigen sie aber oft ihre Freunde und sind dann bitter enttäuscht, wenn sie plötzlich alleine dastehen. Menschen mit einem solchen Jupiterberg solltest du zu ein bisschen weniger Ehrgeiz raten und ihnen klarmachen, dass sie ihre Erfolge ohne Freunde ja gar nicht wirklich genießen können.

Der Saturnberg

Der Saturnberg steht für den Erfolg und die Ernsthaftigkeit im Leben. Du findest ihn unterhalb des Mittelfingers, manchmal auch ein wenig versetzt zum Ringfinger hin.

Der starke Saturnberg

Menschen mit einem starken Saturnberg sind sehr realistisch. Manchmal sind sie sogar so realistisch, dass sie sich von ihren Freunden deshalb Vorwürfe anhören müssen. Einfach so vor sich hinzuträumen mögen sie nicht. Wenn sie etwas angehen, überlegen sie sich vorher genau, welche Chancen sie dabei haben. Sie gehen ungern ein Risiko ein, von Dingen die „wackelig" sind, lassen sie deshalb lieber die Finger. Viele dieser Menschen sind auch sehr eigenwillig und lassen sich nur ungern von anderen sagen, was sie tun sollen. Das kann sogar bis zur Eigensinnigkeit und Besserwisserei gehen. Sie meinen dann, sie seien die einzigen Menschen, die wüssten, wie etwas gemacht werden muss. Wenn du einen solchen Saturnberg erkannt hast, solltest du seinem Besitzer zu ein bisschen mehr Träumerei und Entspannung raten. Nur so kann er nämlich verhindern, dass er auf Dauer seine Freunde verliert.

Der flache Saturnberg

Einen flachen Saturnberg haben Menschen, die sehr ausgeglichen sind und das Leben sehr entspannt sehen. Sie lieben zwar den Erfolg, ihre Freunde sind ihnen aber wichtiger. So fällt es ihnen auch leicht zuzugeben, dass sie etwas nicht wissen oder noch nie ausprobiert haben. Menschen mit einem flachen Saturnberg haben kein Problem damit, sich ihre eigenen Fehler einzugestehen. Das macht sie sehr sympathisch, allerdings müssen sie aufpassen, dass ihr Verhalten nicht gespielt, sondern echt ist.

Der Apolloberg

Den Apolloberg findest du genau unterhalb des Ringfingers. Er steht für die künstlerische Kreativität, aber auch für die Gefühle den Freunden und anderen Menschen gegenüber.

Der starke Apolloberg

Menschen mit einem starken Apolloberg kommen sehr gut mit anderen Menschen aus. Sie können zuhören und wirklich Trost spenden, wenn es einem Freund oder einer Freundin mal nicht so gut geht. Ganz häufig haben Menschen mit einem solchen Apolloberg sehr schöne Stimmen, können gut singen, malen und zeichnen. Sie lieben schöne Kleidung und vor allem Schmuck. Obwohl sie sehr sensibel sind und gut auf andere Menschen zugehen können, fällt es ihnen nicht leicht, jemanden anzusprechen, wenn sie verliebt sind. Sie bewundern jemanden lieber aus der Entfernung und leiden dann ziemlich, wenn die angehimmelte Person sich jemand anderem zuwendet. Wenn du einen solchen Apolloberg feststellst, solltest du seinem Besitzer Mut machen, einen Menschen auch tatsächlich anzusprechen.

Der flache Apolloberg

Hat ein Mensch eher einen flachen Apolloberg, den man kaum sehen kann, interessiert er sich mehr für die praktischen Dinge im Leben. Solche Menschen langweilen sich in Ausstellungen und haben nicht besonders viel Lust, schöne Bücher zu lesen. Stattdessen wollen sie dort sein, wo das Leben tobt. Menschen mit einem flachen Apolloberg sehen vieles sehr entspannt und bleiben locker, wenn andere schon längst hektisch geworden sind. Das ist eher positiv, denn mit ihrer Ruhe stecken sie auch andere Menschen an. Leider können sie aber andere nur schwer davon überzeugen, dass man unverkrampft ganz gut durchs Leben kommt. Ein echtes Problem haben diese Menschen allerdings: Wenn sie zu locker werden, nehmen sie wichtige Dinge nicht mehr ernst genug, und darunter können natürlich auch Freundschaften leiden.

Auf dem Apolloberg steht ein Quadrat

Wenn du auf dem Apolloberg ein Quadrat erkennen kannst, hat dieser Mensch eine sehr große künstlerische Begabung. Meistens wissen diese Menschen das gar nicht, sie sind nur irgendwie unglücklich, weil sie spüren, dass sie ungenutzte Talente haben, diese aber nicht ausleben können! Wenn du das Quadrat auf dem Apolloberg erkannt hast, solltest du seinen Besitzer auf dessen Bedeutung hinweisen! Du darfst ihn aber nicht dazu drängen, sich künstlerisch zu betätigen. Dein Hinweis muss genügen, damit sich dieser Mensch mit seinen Begabungen beschäftigt. Was es mit dem Quadrat und anderen Zeichen in der Hand auf sich hat, zeige ich dir gleich noch genauer.

Der Merkurberg

Den Merkurberg findest du unterhalb des kleinen Fingers. Er steht für das Auftreten nach außen hin und die Wirkung, die ein Mensch dabei auf andere hat.

Der starke Merkurberg

Hat ein Mensch einen sehr starken Merkurberg, besitzt er einen außergewöhnlich scharfen Verstand und kann gut kombinieren. Solche Menschen können obendrein logisch denken. Wenn du Freunde hast, die in Mathematik besonders gut sind, sieh dir einfach mal ihre Merkurberge an. Menschen mit einem solchen Merkurberg sind aber auch allgemein ziemlich schlau, sie wissen, was im Leben wichtig ist, und wie sie es erreichen können. Dabei gehen sie zwar manchmal große Umwege, kommen aber immer ans Ziel. Das klingt zwar so, als seien sie Streber, in Wirklichkeit sind sie aber genau das Gegenteil. Sie lieben die Gemütlichkeit und entspannen sich gerne, sie wissen aber auch, dass man, um etwas zu erreichen, hin und wieder einfach ein bisschen härter arbeiten muss.

Der flache Merkurberg

Menschen, die einen sehr flachen Merkurberg haben, sind meistens ein bisschen nervös und zappelig, wodurch sie sich leicht Probleme schaffen. Eigentlich haben sie gar keinen Grund, so nervös zu sein. Wenn du also einen solchen Merkurberg erkannt hast, solltest du seinem Besitzer zu mehr Ruhe raten.

Auf dem Merkurberg steht ein Quadrat

Wenn du auf dem Merkurberg ein Quadrat erkennst, hat dieser Mensch eine große Begabung zur Kommunikation mit anderen Menschen. Er kann sehr schnell auch komplizierte Dinge erklären. Solche Menschen können meist auch gut schreiben und Vorträge frei halten, ohne dass sie lange Notizen dafür brauchen. Menschen mit einem Quadrat auf dem Merkurberg haben ein starkes Verlangen, anderen Menschen etwas mitzuteilen. Manchmal schlagen sie aber über die Stränge und nerven ihre Umwelt damit. Wenn du das Quadrat im Merkurberg erkennst, solltest du seinem Besitzer also zu ein bisschen mehr Zurückhaltung raten.

VII

Etwas sehr Wichtiges: die Zeichen der Hand

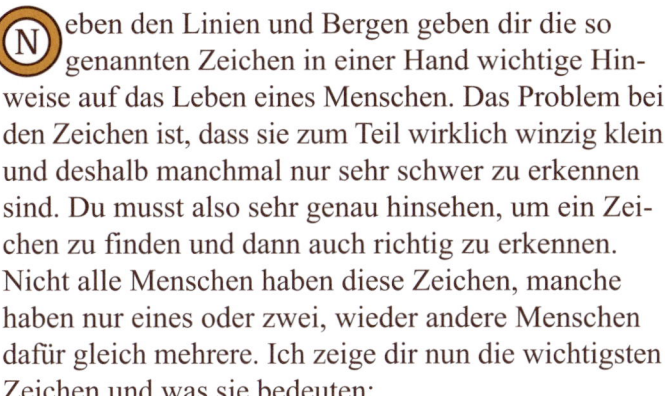

Neben den Linien und Bergen geben dir die so genannten Zeichen in einer Hand wichtige Hinweise auf das Leben eines Menschen. Das Problem bei den Zeichen ist, dass sie zum Teil wirklich winzig klein und deshalb manchmal nur sehr schwer zu erkennen sind. Du musst also sehr genau hinsehen, um ein Zeichen zu finden und dann auch richtig zu erkennen. Nicht alle Menschen haben diese Zeichen, manche haben nur eines oder zwei, wieder andere Menschen dafür gleich mehrere. Ich zeige dir nun die wichtigsten Zeichen und was sie bedeuten:

Das bedeutet das Quadrat

Wenn ein Quadrat frei in der Hand steht, bedeutet das, dass dieser Mensch sehr ausgeprägte Talente und Begabungen hat. Welche das sind, hängt davon ab, wo das Quadrat steht. Häufig kommen Quadrate auf dem Apolloberg vor, sie bedeuten also eine starke künstlerische Begabung. Wenn du ein Quadrat auf einer Linie erkennst, weist das darauf hin, dass dieser Mensch sehr zuverlässig ist und das aber auch von anderen Menschen erwartet.

Das bedeutet das Dreieck

Ein Dreieck deutet ebenfalls auf eine bestimmte Begabung, und auch hier kommt es wieder darauf an, wo das Dreieck steht. Die Begabungen, die ein Dreieck zeigt, sind ein bisschen anders als die des Quadrats. Sie sind bereits stark vorhanden und können von einem

Menschen sofort genutzt werden, ohne dass er erst viel daran arbeiten muss. Auf eines musst du bei den Dreiecken allerdings achten: Sie dürfen sich nicht aus den vier Hauptlinien der Hand ergeben.

Das bedeutet der Einschnitt

Einschnitte sind die kleinen Linien, die durch die Hauptlinien gehen, meistens sind sie aber schwer zu erkennen. Die Einschnitte bedeuten, dass sich ein Mensch viel mit sich selbst beschäftigt. Er denkt viel über sich und sein Verhalten nach. Solchen Menschen gelingt es sehr gut, aus ihren Fehlern zu lernen.

Das bedeutet das Kreuz

Sie entstehen, wenn kleine Linien in der Hand übereinander laufen. Die Kreuze bezeichnen schwierige Aufgaben, die vor einem Menschen stehen oder die er bereits hinter sich hat. Findest du in einer Hand sehr viele der Kreuze, wird dieser Mensch also viele Herausforderungen in seinem Leben meistern müssen.

Das bedeutet der Stern

Treffen sich mehr als zwei der Linien, entstehen keine Kreuze, sondern Sterne. Sie bedeuten im Grunde dasselbe wie die Kreuze – allerdings wird ihre Bedeutung durch die vielen Linien verstärkt. Es gibt aber auch eine Ausnahme: Wenn du einen Stern auf einem der Berge erkennst, bedeutet das großes Glück.

Das bedeutet der Punkt

Wenn du einen kleinen Punkt, also eine Vertiefung in der Hand entdeckst, bedeutet das eine Warnung an den Menschen. Er muss darauf achten, wie er lebt und was er tut. Ein Punkt auf der Schicksalslinie kann also bedeuten, dass dieser Mensch mit seinen Gefühlen Probleme hat und dies so bald wie möglich ändern sollte.

Das bedeutet das Gitter

Gitter stehen für Warmherzigkeit und Ehrlichkeit. Findest du in einer Hand mehrere Gitter, bedeutet das, dass dieser Mensch sehr gut mit anderen Menschen umgehen und ihnen viel beibringen kann. Was das genau ist, hängt davon ab, wo die Gitter stehen. Beim Gitter findest du übrigens zwei unterschiedliche Formen. Das weite Gitter mit den großen Maschen ist positiv, das enge Gitter mit den kleinen Maschen bedeutet Schwierigkeiten und Probleme.

Das bedeutet die Insel

Inseln sind kleine Ausbuchtungen auf den Hauptlinien und stehen immer für eine Art Pause oder Unterbrechung. Eine Insel auf der Schicksalslinie bedeutet also, dass sich ein Mensch Zeit genommen hat, über sich selbst nachzudenken.

Das bedeutet der Ast

Äste sind kleine Gabelungen, die von den Hauptlinien abzweigen. Je nachdem, ob ein Ast nach oben oder nach unten zeigt, hat er eine unterschiedliche Bedeutung. Nach unten abzweigende Äste zeigen Ängste, Verzögerungen oder Hemmungen an, nach oben abzweigende dagegen Glück, Einsicht, dass etwas gut funktioniert oder einfach nur ein harmonisches Zusammensein mit anderen Menschen.

Und zum Schluss: noch mal eine Übung!

So, nun bist du in die Geheimnisse unserer uralten Hexenkunst eingeweiht. Natürlich weißt du, dass du deshalb noch nicht sofort und fehlerfrei aus der Hand lesen kannst – auch ein gute Hexe braucht schließlich Übung.
Ich zeige dir deshalb eine weitere Zeichnung aus dem Lehrbuch meiner Hexengroßmutter. An ihr sollst du nun deine nächsten Übungen durchführen.
Und diesmal findest du die Auflösung der Übungshand auf Seite 125.

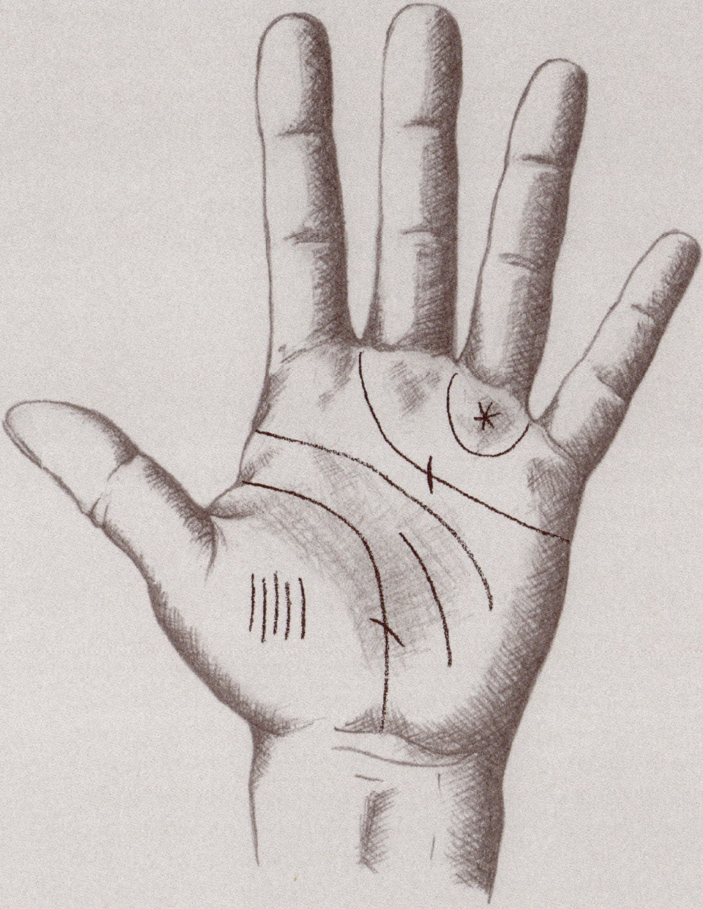

VII

Die Zeichen der Hand

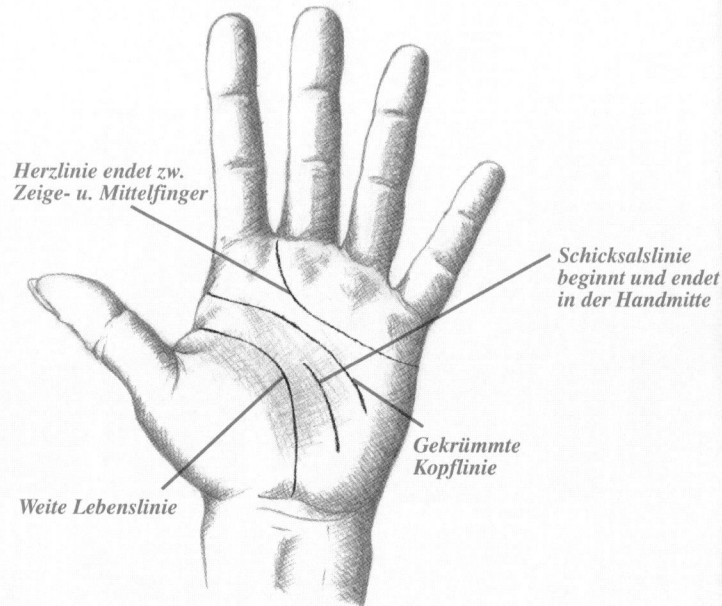

Herzlinie endet zw. Zeige- u. Mittelfinger

Schicksalslinie beginnt und endet in der Handmitte

Gekrümmte Kopflinie

Weite Lebenslinie

Auflösung linke Hand Kapitel 5:

Die weite Lebenslinie zeigt, dass Yvonne es leicht hat, auf andere Menschen zuzugehen. Auch ist sie nicht besonders schüchtern. Weil die Herzlinie zwischen Zeige- und Mittelfinger endet, ist Yvonne sehr warmherzig, sie macht gerne Geschenke und sucht enge und ehrliche Freundschaften. Das zeigt sich auch sehr deutlich an ihrer gekrümmten Kopflinie – Yvonne kann also sehr gut auf die Probleme ihrer Freunde und Freundinnen eingehen. Diese Kopflinie zeigt aber auch, dass Yvonne ziemlich kreativ sein kann – wenn sie die Chance dazu bekommt. Sie versteht auch verzwickte Probleme sehr schnell, allerdings löst sie sie oft auf verschlungenen Wegen, was andere Menschen leicht mal durcheinander bringen kann. Dass die Schicksalslinie in der Mitte der Handfläche beginnt und endet, ist allerdings eine deutliche Warnung an Yvonne. Sie neigt nämlich dazu, vieles anzufangen, aber nichts so richtig zu Ende zu bringen. Deshalb wird sie manchmal als oberflächlich bezeichnet – das ist aber Unsinn, denn sie folgt einfach den vielen Ideen und Einfällen, die sie ständig hat. Trotzdem muss Yvonne auf diese kleine Schwäche sehr aufpassen, denn dies kann auch eine sonst sehr gut funktionierende Freundschaft zerstören!

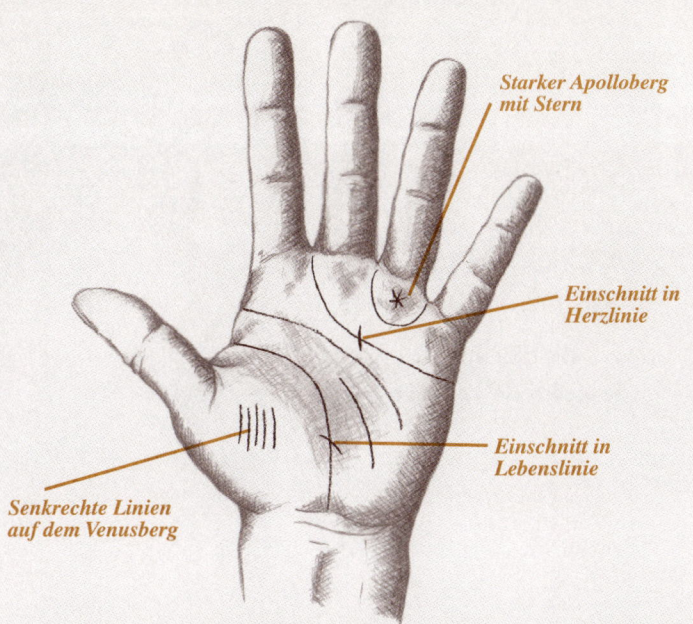

Auflösung linke Hand Kapitel 7:

Zuerst wird dir an Yvonnes Hand wahrscheinlich auffallen, dass sie einen stark ausgeprägten **Apolloberg** *besitzt. Wie du ja weißt, steht der Apolloberg für die eigene Kreativität und die Gefühle den Freunden und anderen Menschen gegenüber. Der starke Apolloberg zeigt, dass Yvonne sehr gut mit anderen Menschen auskommt und gut zuhören kann. Diese Tatsache hast du ja in der ersten Übung bereits daran erkannt, dass Yvonnes Herzlinie zwischen ihrem Zeige- und Mittelfinger endet. Der starke Apolloberg zeigt dir, dass diese Vermutung richtig war! Er verrät dir aber noch eine weitere Eigenschaft, denn obwohl Yvonne sehr offen ist, fällt es ihr nicht besonders leicht, zum Beispiel einen Jungen anzusprechen, für den sie sich Interessiert. Und dann ist da noch etwas sehr Interessantes: Auf dem Apolloberg findest du einen kleinen Stern. Ein* **Stern** *auf einem der Berge bedeutet immer großes Glück. In welchem Bereich dieses Glück eintritt, lässt sich nicht mit Gewissheit sagen – es hat aber immer etwas mit der Bedeutung des Berges zu tun, auf dem er steht.*

Auf Yvonnes **Lebens-** *und* **Herzlinie** *findest du zwei kleine* **Einschnitte***. Sie zeigen, dass Yvonne sich der meisten ihrer kleinen Schwächen bewusst ist und dass sie darüber nachdenkt, wie sie beispielsweise ihre manchmal ziemlich heftige Planlosigkeit in den Griff bekommen könnte.*

Auf dem **Venusberg** *kannst du eine Vielzahl senkrechter Linien erkennen – und damit bestätigt sich, dass Yvonne manchmal Probleme damit hat, ihre Gefühle offen zu zeigen. Wenn sie das ändern will, muss sie sich also ganz bewusst damit auseinandersetzen und stückchenweise versuchen, ein wenig offener zu werden.*

Maria May

Astrotipps für Hexen

Was dir die Sterne über die Zukunft verraten

112 Seiten / ISBN 3-8025-1490-4
Egmont vgs verlagsgesellschaft, Köln

Liebe, Freundschaft, Schule – die Zukunft steht in den Sternen!

Auch die Magie der modernen Hexe kommt ohne das Wissen um die Macht der Sterne nicht aus. Ohne genaue Kenntnis der Gestirne können Zaubersprüche nicht wirksam formuliert werden. Mit Hilfe der Astrologie erfährst du mehr über dich, deine Freunde und deine Familie und lernst so, die Zeichen der Gestirne für deine Zukunft zu deuten. Denn jedes Sternzeichen hat eine besondere Bedeutung für deine magische Energie.
Maria May, die Autorin des Bestsellers Zauberpower, fasst in diesem Buch das überlieferte astrologische Hexenwissen zusammen und macht es so auch der jungen Hexengeneration zugänglich. Mit vielen Zaubersprüchen, für jedes Sternzeichen!

www.vgs.de

Maja Sonderbergh

Das Buch der Zaubertränke

Die wirksamsten Rezepturen und magischen Sprüche

112 Seiten / ISBN 3-8025-2952-9
Egmont vgs verlagsgesellschaft, Köln

Neues aus der Hexenküche

Jede richtige Hexe beherrscht die Kunst der Zaubertränke. Sie kennt die Heilkräuter und ihre magischen Kräfte. Die Gesetze der Natur sind kein Geheimnis für sie, und sie weiß sie zu nutzen. Sie ist aber auch in der Herstellung von Ölen, Tees und anderen Mixturen mit Zauberkraft bewandert. Und sie kann dieses Wissen richtig und wirksam einsetzen.
Hexe Maja zeigt dir in diesem Buch ihre wichtigsten, wirksamsten und wundersamsten Zaubertränke. Das notwendige Basiswissen für alle Zaubertränke, der richtige Umgang mit Kräutern, Ölen, Salben und Tinkturen und die passenden Zaubersprüche – dies ist der richtige Einführungskurs für junge Hexen in ihre Königsdisziplin.

Von Liebeskummer bis zu Schulproblemen – mit der richtigen Prise Magie, kann man sich aus allen Problemen herauszaubern. Man muss nur wissen, wie!